知男而不退

H犀利解說，男人這種生物

H 著

推薦序

知男而不退：開啟真實之旅

諮商心理師&暢銷書作家　許皓宜

H的文字和他的人一樣，透露一種濃濃的魅力：「眞」。

與H相識是在多年前的一場節目錄影上，那時我們分坐對立的兩區，我聽著他用不同於我的角度發言，心裡有一種深深的讚賞：「哇！這不是個打嘴砲的名嘴，而是一位細膩觀察，與我們分享人性的『時尙家』。」

從此之後，H成了我最愛邀約至大學演講的作家。不爲什麼，只因爲他從不避諱自己的脆弱、躲藏曾經的挫敗，透過許多自解自嘲（以及自信），帶領讀者與聽者看到社會人事光明與黑暗的雙重角落。別人不敢談的概念，他談；別人爲了討好不敢寫出來的東西，他寫……他的作品點出了我認爲人在迷惘時所需且最重要的一件事：你需要的不是別人安慰你，而是需要別人狠狠點醒你。

這就是「眞話」的魅力。沒有虛僞，甚至會帶來醒悟的痛，但卻可能改變生命的方向。

舉幾個書中的例子來看：

當大家忙著說外表不重要，做自己最好時，H卻對覺得自己沒人愛的女性說：「沒有人追當然有一個很重要的點，就是妳沒有把自己的外型處理得當。妳可以嘴巴不停地罵男人庸俗，但，還是不能停止妳追求美麗與健康外表的企圖心！」

還有還有，像我這種三十歲以上的女人，聽多了什麼「熟女也很有魅力」的鬼話，但H倒是把三十歲以上該有的智慧寫得一覽無遺，讓我們爲邁入熟齡感到驕傲（並且反省）：「一個三十歲的女人絕對不會忽然在某一天燙了個花媽頭，然後問男人好不好看。她也不會把很多不適合自己臉色的化妝品往臉上抹，不小心半夜還嚇到人。」

是的，這就是H，用最幽默的情感，進入感情生活中最瑣碎卻乏人留意的角落，點起一盞理智的希望，讓我們不再被「自我良好」的感覺而淹沒至絕望。

在他身上，我學習到相當多，何謂「眞誠面對自己」。

歡迎一起加入這場眞實之旅。

作者序

那些男人不願說，女人沒聽懂的事

網路上每週都會出現我撰寫的三到四篇文章，其中至少有一篇是關於兩性關係的話題。而我每個星期，也至少會在粉絲頁或者信箱內，收到數十篇讀者來信詢問關於兩性的問題。我的生活裡，「兩性」這兩個字出現的頻率，幾乎已經是關鍵字搜尋榜上的第一名。

我樂於接受這樣的狀態，但，如果被冠上「兩性專家」這個頭銜，又太過沉重。我總認爲，所謂的專家、學者，應該是在某個特定的領域內，鑽研出一套系統性的理論。而這套理論，又可以解釋或者印證這領域內的絕大多數問題。我雖然總是談兩性，但只要牽扯到「人」，事情沒那麼單純。光是要建構一套兩性之間的理論還要能說服大衆，我自嘆不如，充其量，我只能稱爲一個「使者」，一個藉由自身經驗與表達能力，來傳遞、分享這個領域內，會產生的各種可能性的一個使者。

和其他兩性書相較之下，我寫的書特別之處在於，我是以一個「大男人」的身分，來告訴女人，大多數男人的心理與行爲分析。我不會假裝我有多懂女人，但我會告訴妳，我有多懂男人，那是從我曾經有過的婚姻、曾經走過的失敗戀情、曾經傷害過以及被傷害的記憶中，所萃取得出的經驗値。

或許妳從文章裡可以讀出，這是傾向男人觀感的兩性書籍，或許妳也可以從文章裡看出我那大男人的觀念，但是不管怎麼說，我都希望妳抱著了解「異種生物」的心態，讀完這本書。因爲我相信，讀完這本男人寫的女人書，妳一定會更懂男人，也一定會對妳的戀情有所幫助。

這是H的第二本兩性作品，希望妳會喜歡。

目錄

PART 1 男人其實就是這麼簡單的生物

交往前

交往中

PART 2
這些「男」言之隱，別說我沒告訴妳！

PART 3 姊姊妹妹都在問，救援在愛裡卡關的妳

PART 1

男人其實就是這麼簡單的生物

兩性相處，最常因為不了解對方而產生摩擦。女孩兒們總是無法捉摸男人的心思，甚至常常因此產生「男人真賤」的誤解。事實上，男人的心思並沒有那麼複雜，說極端點，只要把男人當作擁有某些習性的動物或是小朋友，其實就可以簡單掌握男人。在本書的第一個部分，同樣身為男人的H，將從各種不同面向與不同時期，徹底剖析「男人」這種生物。

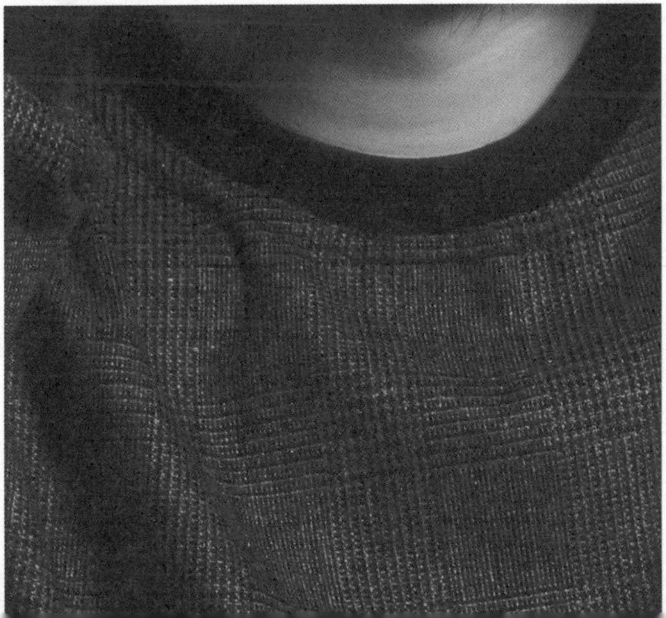

1 如何從Line或臉書互動上，看出他對妳有沒有意思？

現代人交朋友的管道越來越多，保持聯絡、維繫感情的方法也越來越多，所以從這些互動中，也是有一番學問值得討論的。例如初次見到一個男生，即使當場沒有任何聊天互動，只要彼此留下Line，或者互加臉書好友，之後的互動其實反而是現代人最重要的男女追求過程。

那麼，從這一連串的互動過程裡，可以看出哪些事情呢？

1. 從聯絡方式看出他想和妳保持聯絡還是「謝謝再聯絡」

當兩個陌生人見面，且不排除日後交往的可能性時，通常會有一方要求留下聯絡方式——手機號碼、通訊App（包括Line、wechat等），還有臉書。只留下通訊App而不留電話的人，警戒心較高。對方不願意留電話號碼給妳，除了他可能有男女朋友之外，可能對妳也沒有太大的興趣，當然也可能是，這個人習慣和人保持距離。不留臉書也是一樣的道理，對方認爲妳還不足以親密到可以窺探他的私生活，因此選擇性地只給了通訊App，而不給臉書和電話號碼。

若要用這三種聯絡方式來排序對方對妳的好感度，由高至低依序爲：手機號碼，臉書，通訊App。

2. 從第一通Line讀出他有多想認識妳

我曾經遇過這樣的男人A先生。當我和某個女性朋友在餐廳巧遇A先生時，我當然禮貌性地介紹兩人認識，兩人也自然互留Line互加好友。當我和我的女性朋友回到自己座位後，這位女性朋友立刻就收到剛才那位A先生傳Line的訊息，而且，當時也有一位女性朋友在A先生身邊。我將這樣的行爲解讀爲：急欲「建立親密關係」。

當然，我們可以從對方傳第一通Line的時間判斷：越急著留言給妳的男人，對妳的好感度自然越高。相對地，妳傳Line給對方的時間，也會透露出同樣的訊息。因此，我通常建議，最好等到當天活動結束，回到家後再傳第一通Line「噓寒問暖」，這樣比較有禮貌，並且進可攻退可守。

3. 從臉書上按讚的情況知道他有多想了解妳

基本上對妳沒興趣的男人，在拿到妳的臉書帳號之後，回家通常不會立刻瀏覽。也就是說，如果回家之後，很快就看到對方在妳的Po文下按讚或留言，代表他急著想要延續你們之間的關係，這行爲絕對可以看成：「他對妳有一定的好感」。

通常越是對妳有興趣的人，越有機會往前瀏覽妳的動態。如果妳發現對方往前追溯妳上個月甚至半年前的Po文和照片按讚留言，這個人所傳達出「想要了解妳」的訊息就更加清楚而強烈了。

4. 幫特定對象按「讚」是一種「放電」

一個單身的男人（女人），會十分在意自己的臉書訊息有沒有被對方按讚。通常他們在Po了某些文字或是圖片之後，就算得到了幾百個讚，還是會私下點開來看，細數哪些人按了他的讚。很可愛的是，一旦按讚名單出現他有好感的人，對他來說會相對鼓起勇氣，去瀏覽對方的臉書，甚至企圖在對方的某篇文章或是關鍵留言中「回報」一個讚，就好像在互相呼應一般。

因為這樣的讚，通常會被淹沒在大量的讚裡面，但是只有彼此知道。如果這種情況來回幾次，建議妳差不多可以開始敲對方談話，並且約出來見面了。

H 勸世語

最好等到當天活動結束，回到家後再傳第一通Line「噓寒問暖」，這樣比較有禮貌，並且進可攻退可守。

2 女追男隔層紗？哪種男人可以追，哪種不要追？

現在這個時代，女追男早已不稀奇，我相信坊間也有很多作家，提出千奇百怪「女生如何追求男生」的撇步和絕招。只不過，並不是每一種女生都有這樣的本領可以追求男生，也不是每一種男生都適合女生追求，究竟哪一種男生可以追，哪一種男生不容易追到手呢？

基本上，大部分男人都有狩獵者心態，而有狩獵者心態的男人，又可分爲以下幾種，只要是擁有這些特質的男人，應該都不容易讓妳手到擒來。

1. 獨立而自我

在我多年研究生命密碼的過程中，我可以判斷出，生命靈數是1的人，個性獨立而自主。若客觀來看，獨立自主的男人絕對是好男人，他可能値得依靠、不需要他人的幫助，他可能精力充沛、樂於帶領團體。然而這樣的人，相對來說，自我意識也可能過於強烈，一旦是他認同的人事物，要改變他的想法，可說是難上加難。

我通常把這種特質稱爲「鐵耳朵」。

如果希望改變他的想法，只能等待，等待他的人生中，發生足以撼動他的大事情，否則，這個男人腦子裡的想法就算經年累月，也依舊屹立不搖、紋風不動。

所以，追求這樣的男人難度最高，一旦妳不是他的菜，他腦中先入爲主的觀念也不太可能被改變。

2. 理想而富創意

通常這樣的人，腦子裡充滿想法。同樣的，他也會有自己理想對象的典型。這種男人和第一種略有不同的地方在於，對於其他事情或許不那麼堅持，然而對於一個要與自己長相左右的對象來說，他就會在心裡面勾勒出一種理想的狀態。一旦妳不是他心目中的理想典型，他很難被動地喜歡上妳。

生命靈數3的人，通常是這種類型。

3. 急功好利

有一種男人，總是希望出人頭地，在工作上嚴格鞭策自己，只爲了升官發財、飛黃騰達。當這種男人在選擇對象時，也喜歡找一個肯上進、有企圖心，並且時時充實自己的女生。如果妳可以在他面前表現出這樣的個性或是姿態，這個男人就很容易被妳吸引。相反地，如果妳沒摸清楚這個男人，就不容易追到他。或者可以說，妳對他做了許多看起來像是「追求」的動作，在他眼中都是多餘。

生命靈數8的男人，屬於此類。

4. 好奇心強烈

這世界上還有一種男人，對他而言，不管是愛情、人生或是工作，他都要選擇新鮮有趣、可以滿足他好奇心的人事物。一旦他發現妳並不新鮮有趣，他不但不會選擇妳，還有可能疏遠妳。想要討他歡心，難度非常高。因為一來妳可能不知道他是這種個性的人，二來就算妳知道，也不了解他曾經遇過什麼樣的人，會對哪種女人好奇，進而欣賞。

生命靈數7的男人，屬於此類。

注：生命靈數的算法：將西元年的生日數字，一個一個相加起來，最後得到的個位數字就是生命靈數。
例如1993年7月14日的生命靈數算法是：1+9+9+3+0+7+1+4=34，再將3+4=7，因此7就是他的生命靈數。

勸世語 H

「女追男，隔層紗」這句話所言不假，其實成功率還是挺高的，只不過通常是在追到手後，才了解彼此的個性並不是對方心目中的理想典型，所以分手也相對容易很多。

3 從追求方式看出男人的成熟度

男人的成熟與否，會影響女生對他們的觀感，只不過，很多男人的成熟度，無法在一開始見面時就得知。當然，認識久了之後，如果已經進入朋友的階段，妳肯定很清楚這個男人究竟只是表面成熟，還是表裡如一。其實我們可以試著從男人追求妳時的言行舉止，判斷他的成熟度，以免識人不清就傻傻陷入情網。

男人的成熟度，可以從他追求妳的方法看出來，通常有以下幾種類型：

1. 利用言行舉止吸引女生注意

小學時代，只要是掀妳裙子、扯妳頭髮，或常常取笑妳的男生，除非他是一個喜歡霸凌的小孩，另一種可能性就是，這個男生喜歡妳。這種吸引異性注意，藉以加強對方印象的手法，就是屬於小學生的追求方式。

若將場景搬到辦公室，那種特別愛找妳抬槓，或者是故意把妳當作哥兒們的男同事，有可能連他們自己都不知道他對妳有好感，只覺得喜歡和這個女生相處，而另一種可能就是，他們知道自己喜歡妳，只是不曉得要用哪種方式增加對方的好感。不論他們這種「小學生行爲」背後的動機爲何，在我看來，都是屬於比較不成熟的追求方式，所以，這樣的男人自然也比較幼稚。

但，這樣的男人，其實不少女人喜歡。

2. 約會也有SOP

有一種男性一登場，妳立刻就知道他在追求妳。他或許會愼重其事地跟妳約確切的時間和地點，甚至盛裝開車去接妳。然後在聊天的時候，刻意想好幾個問題，聽起來既有禮貌，又可以了解妳。接著在對談當中，他會試著討好妳，並且打探妳的喜好，默默記在心裡。他也會在第三或第四次約會的時候，開始告訴妳，他是以結婚爲前提認眞和妳交往。

通常會以這種方式追求異性的男生，其實我個人是認同的，但是對於異性而言，卻顯得有點無趣，成功率也不見得高。以追求女性的手腕來說，似乎不夠成熟，但是在個人的成熟度上，我反而認爲是不用懷疑的。

可惜，這種方式，大概是四種追求方式中成功機率最低的一種。

3. 製造凸顯自己優勢的機會

追求異性的箇中翹楚，通常屬於這一種。這也是我在對男生「搭訕與追求」教學時，必備的入門課程——首先要「了解自己」，進而「找適當機會表現自己」，接著「投其所好」，最後是「調整自己」。

厲害的男生在追求女生時，會讓自己處於最擅長的領域當中，或是讓自己最自在的場合裡。比如說，他是個文藝青年，他可能會盡量帶妳去看展覽、看電影，而不是去郊外欣賞野花野草。又好比有些男人擅長一對一聊天，但有些則習慣打團體戰，藉由和朋友一起襯托自己，好讓朋友自然地在對方面前誇獎自己，這樣的方法也很快就會讓女人接受。

但是要注意，當男人刻意顯露財力，好比開名車、秀金卡，或許不失為一種成熟有效率的追求方式，但在我看來，這其實是男人在一開始追求對方唯一不應該急於凸顯的優勢，如果妳不小心中了招，或許不成熟的不是對方，而是妳自己。

4. 從朋友做起

眞正最成熟的追求方式，就是從朋友做起。不疾不徐，用正常朋友的口吻和態度與妳聊天、來往。他不會找機會凸顯自己的優勢，但是在時機成熟時也不會輕易放過。他不會照SOP按部就班追求，但是當他察覺兩人開始有些曖昧時，也不會錯失良機，他會把握機會讓一切水到渠成。

就算中途發現兩個人其實不對盤，或者是沒那麼合適，還是可以迅速地回到朋友的位置，進可攻退可守，一點都不會令雙方尷尬、難堪。

勸世語 H

刻意顯露財力，其實是男人最不應該凸顯的優勢，如果妳不小心中了招，或許不成熟的不是對方，而是妳自己！

4

這樣聊天，讓男人愛上妳

當妳的外貌及言行舉止，在一般男人眼中都符合標準時，究竟要怎麼說話，才會讓男人喜歡妳？一定要在言談間一味地誇讚對方，才能讓自己喜歡的男人開口約妳嗎？掌握以下幾個原則，一開口就讓他愛上妳：

1. 聰明而不搶話

常聽男人說，我喜歡這個女生的原因，是因為她會笑，她會因為我講的話而笑了。其實，這就是吸引男人最重要的一點。就算這個笑話妳已經聽過，或者根本聽不懂也不好笑，在聽完對方的描述之後，給對方一個笑容，就足以鼓勵對方再接再厲地和妳說話。

有一種女人因爲自己很聰明，就算在心儀的男人面前，也要表現出自己的腦袋有多靈光，因此會把男人原本要講的話，全部都搶著說完了。或許，有些男人喜歡這樣的妳，但是對大多數的男性而言，他們希望的對象，是善體人意的女性，就算知道他要講什麼，也會耐心聆聽，而不是急著搶話的女性。

2. 溫柔而不嬌弱

大部分的男人都喜歡溫柔的女性。但是溫柔和嬌滴滴，其實天差地別。溫柔的女性講話時，永遠只會用柔和的口吻和男人交談，就算是生氣，也不會扯破喉嚨嘶吼發怒。但是很多女生沒搞清楚這點，認爲和男生講話就是得嗲聲嗲氣地撒嬌、裝可愛才叫做溫柔，要知道，這樣的方式，或許在十八歲以前有可能吸引到異性，但是在成人戀愛或是婚姻市場中，男人很容易就分辨得出，妳是眞正的溫柔或者只是公主病而已。

3. 撒嬌但不任性

這一點和第二點有點接近。如果妳天生是個娃娃音的女生，請善用妳的優勢，盡量和男人講話，用可愛的方式和他們說三道四。但是這不代表講話的時候可以任性妄為。

比如說，當妳需要一個男人幫妳搬家時，妳可以用俏皮的口吻訴說這項任務，像是「明天我要一個人去搬家了，呀呼！」這種時候，只要是正常的男人，一定會問：「東西多嗎？需要幫忙嗎？」當然，如果男人主動開口，而妳也求之不得，自然可以接受。千萬不要一開口就用公主的語氣說：「我明天要一個人搬家，你來幫我！」雖然結果有可能相同（畢竟男人還是會去），但是在男人心目中感受到的，是妳的嬌蠻，而不是妳的可愛。如果是這樣的話，不就可惜了妳天生的好聲音。

勸世語 H

就算這個笑話妳已經聽過，或者根本聽不懂也不好笑，在聽完對方的描述之後，給對方一個笑容，就足以鼓勵對方再接再厲地和妳說話。

5 男女初見面，不「答」不相識

男女雙方剛認識的時候，因為彼此不熟悉，總會不停地試探對方，包括試探對方是否已婚、有對象，或者試探男方的收入是否穩定、是否負債等狀況，這些都是很關鍵的問題，不但問的一方需要技巧，男方的回答，也很關鍵。

例如：如何問到對方是否有女朋友？

很多女生對於這個題目感到棘手，事實上，想知道答案，又不需要透露太多自己對他的好感，其實很簡單。

三句話套出對方是善類還是玩咖

「你週末都加班？」

「對呀」

「那你女朋友不會生氣嗎？」

妳看看，只需要簡單三句話，在談話中「不經意地」假設對方一定有女朋友，就可以順理成章地使用上述的疑問句，這樣的問題，男方肯定閃不掉，如果他猶豫或沉默了，就代表一定有女朋友。如果他的答案很模糊，諸如「女朋友？那種東西不重要」或者是「妳問的是哪一個女朋友？」這種試圖將問題帶過的玩笑話，八成可以判斷這個男生不想讓妳知道他有女朋友，不管他怎麼回答妳、他和女朋友之間的交往狀況如何，我都可以直接斷言，這個男人，非善類，玩咖也！

最理想的回答方式就是：「不會，我女朋友很好，不會在意這種事情。」敢於在任何人面前坦誠自己和女朋友關係好的男人比較不會留後路。「說來話長」或者是「哎，別談我女朋友了」這樣回答妳的男人，試圖在其他異性面前營造自己「在感情裡面很辛苦」的形象，說穿了，就只是想幫自己的偷吃合理化，或者藉機換女朋友而已。

情場老手，常以坦率之名行曖昧之實

眞正的好男人，就算感情狀態不是很美滿，也不會刻意或輕易在別的女人面前表露出來。畢竟那樣做會讓妳覺得，這個男人目前交往的女朋友不適合他、不夠好，男人這樣說，也是想要創造一種讓妳「有機可乘」的假象，甚至讓妳在無意間成了小三，最後他還要在兩個女人之間扮演無奈與爲難的角色。

當然，同樣的道理，若男女立場對調時，這個推斷也是成立的。

雖然我上面所言，立刻坦誠自己與某人正處於一段穩定交往的關係，可能會是好男人的機率相對較高，但這並不代表他一定不會劈腿，或者一定是個專情的好男人。因爲光憑男人這樣的回答，原本就無法百分之百鐵口直斷他不會劈腿，道高一尺魔高一丈，更有甚者，眞正經驗豐富的情場老手，會刻意在妳面前坦誠一切，讓妳覺得他爲人率直，甚至認爲當他的女朋友很幸福，有一種「無可取代」的尊寵感，等妳眞的陷進去之後才會發現，他竟然可以絲毫沒有半點罪惡感地背著女友和妳上床，但也爲時已晚、無力回天。畢竟陷入情網的妳，根本不會記得他之前曾經說過什麼，或者他對他女朋友多麼忠貞了！

勸世語 H

試圖在其他異性面前營造自己「在感情裡面很辛苦」的形象，說穿了，就只是想幫自己的偷吃合理化，或者藉機換女朋友而已。

6 十種妳不知道，卻是男人在對妳放電的訊號

很多神經大條的女性朋友（有些時候是假裝神經大條啦），總會對我說，「我都不知道他對我有意思耶」「我以爲那樣很平常」，藉以說明，她對於身邊一些男人對她獻殷勤的小伎倆都不以爲意。當然，這很有可能是女生以退爲進的方式，只要裝作不知道，就可以繼續享受「友達以上，戀人未滿」的曖昧福利，但我也不能排除，這世界上眞的有女人會以爲男人都是如此「體貼」的動物！

所以，女生有必要知道男人的哪些舉動，看似自然無意圖，但不管是內心或是潛意識裡，其實都透露出他對妳有好感，甚至是在放電的訊號。

1. 當妳喊冷時，他會脫衣服給妳穿

很多女人以爲，每個男人都會這樣做。錯！讓自己的衣服沾染到女性朋友的氣息，這在潛意識來說，是一種好感的表現。因此，如果有男人在妳喊冷的時候，主動把自己身上任何一塊布料蓋在妳身上時，都可以斷定，這男人多少對妳有些好感。

2. 當妳上車時，他會用手護住妳的頭

這或許是男人的紳士精神使然，當妳上車的時候，主動幫妳開門，讓妳先上車，甚至用手護住妳的頭部，以免碰到車頂。但，其實有時候，紳士也是會選擇對象決定要不要這樣做啦！

3. 幫妳拿掉頭髮上的小東西

細心的男人會注意到妳頭髮上，是否黏住什麼小屑屑。如果是對妳沒有意思的男人，會直接用嘴巴「指示」妳，哪個地方黏到東西了；但如果是希望和妳有互動的男人，則會很自然地主動伸出手，幫妳拿掉。

4. 吃東西時幫妳留意頭髮是否沾到東西

有些長頭髮的女生在吃東西時，總會不小心讓頭髮流瀉到桌面，或者碰到裝滿食物或髒的碗筷。細心並且注意妳的男人，一定會在這個時候主動幫妳護住頭髮，或是挪走碗筷，而不只是用嘴巴指揮妳。

5. 陪妳走一段

很多女人以爲這不是什麼大不了的事情，但是事實上，喜歡散步的男人或許不多，喜歡陪別人散步的男人可能更少。若他願意主動陪妳走一段，這不叫做有好感，那什麼才是有好感呢？

6. 送妳送到家門口，還目送妳走進去

送女生到家門口是一般紳士會做的事情，但如果堅持要看著妳走進屋內，才願意離開的男人，除了說他眞的很在乎妳的安危之外，要說沒有好感，我可不相信。

7. 幫妳集點數

小事情通常是判斷對方對妳是否有好感的關鍵。如果妳無意間說出正在蒐集哪家便利商店的點數，這個時候，男人忽然交給妳一把點數，再怎麼遲鈍如妳，也應該要知道，這個男人，是不是正在對妳展開追求呢?!

8. 幫妳送點心

男人是很有企圖心的動物，他們絕對不會沒來由地對一個人好，或者專程爲了一個人，做出什麼預定行程以外的事，所以，當妳吃到突如其來的點心時，不妨想想，是不是也同時收到對方什麼特別的感覺呢?!

9. 陪妳熬夜

很多女性朋友會說，我有一個好棒的男性閨蜜，都會陪我聊天聊到天亮，就算我失戀的時候，他也陪我徹夜長談。好吧，我願意承認，很多男同志閨蜜的確如此貼心，但我也必須說，如果他是直男，對妳有好感的機率肯定不低，易地而處，妳願意陪一個沒有好感的男生徹夜長談到天亮嗎？不睏很難吧?!

10. 隨傳隨到

很多女生會炫耀自己有這麼一個有求必應的異性好友，但是我必須說，如果現階段妳眞的有一個這樣的朋友，最好仔細想想他是否對妳有好感。通常會做到隨傳隨到的人，已經是把對妳的好感毫無保留地顯露無疑了，如果這時候妳還要裝作不知道，而只是把對方當作普通朋友卻如此使喚的話，這段「友情」通常到最後也不會有太好的結果喲！

H 勸世語

男人是很有企圖心的動物，他們絕對不會沒來由地對一個人好，或者專程為了一個人，做出什麼預定行程以外的事！

7 男人的五種行為，透露他是否把妳當成亂槍打鳥的獵物

現代人的交友行爲，因爲社群網站的普及，已和從前大不相同。或許我們也可以說，因爲交友越來越簡單，因此很多男生（女生亦然？）在尋找戀愛對象時，總是同時撒網，看哪條魚先上鉤。當然，這種行爲並不是全然不健康的，但很容易讓女性覺得自己只是「魚群」之一而已。以下幾種行爲可以幫助妳判別這個男人到底是認真對待妳，還是一次撒網同時邀約很多女生。

1. 第一次見面就邀約喝酒

這當然不是絕對性的原則，但基本上，一旦一個男人打算對妳做出些什麼事情的時

候，喝酒，一定是條捷徑。當然，當妳答應了這個邀約，在某個程度上，也等於妳認同對這個男人的信任以及喜愛。

所謂的捕魚，並不完全代表這個人對妳不認眞，而是這個人除了對妳認眞之外，對其他人也有所期待，那感覺比較像是找工作時同時應徵了好幾間公司，他希望每間公司都想錄用他，最後自己再來下決定，哪邊條件好，就到哪裡。

當然，若許多公司都剛好有職缺或同時希望他去上班時，他也很有可能「兼職」。

2. 除了邀約妳，同一天還有別的行程

爲了可以擁有上述的選擇權，他不可能把所有心力和時間都花在妳一個人身上。於是乎，當他同時開始邀約對象時，因爲不能確定哪個女人在哪個時間有空，最早有空的人所提出的時間，他絕對會先答應並且預留後路。

但問題就這樣產生了。

好比說A女答應週六晚上八點可以吃飯，某男會先一口答應，但這時候，在他同時丟出去的邀約中，又有B女說她週六下午四點可以，爲了不想取消A女八點的約會，只

好答應B女約下午四點，但他會告訴妳，他晚上八點有另外一個重要的會議或是家庭聚會之類，以保全兩個約會都能成行。

要知道，當一個男人真心喜歡妳的時候，他會希望把所有時間都放在妳身上，尤其是在剛開始接觸的時候。

3. 第一次約會就打算進一步身體接觸

每個男人對於關係進展的tempo拿捏不一致。有些人會很希望趕緊推進到最後一關，也有不少人不好意思在一開始就做出什麼太越線的舉動，但是假如第一次約會就打算進一步和妳有身體接觸，被妳拒絕之後，就再也不邀約妳的男人，妳絕對可以很清楚的分辨，這男人要的只是短期的關係，而不是長時間的交往。

也因此，除非妳真的太喜歡這個男人，否則，拒絕第一次的親密接觸，更容易讓妳看清這個人的實際企圖。

4. 對於個人資訊有所保留

這種人捕魚，是真正只想要吃魚。

也就是說，這樣的男人，在同時邀約很多女性的時候，要的只是一夜情，在那之後，他不會珍惜任何一段感情，對他而言，捕上來的魚和他並不是對等的交往關係，女人只是他菜單上的某一道料理而已。他不希望在那一個晚上過後，自己還會被這個女人所牽絆。

他希望的關係是他主動找妳就好，至於妳，只能乖乖等他翻牌侍寢而已！

5. 對於妳的個人背景興趣缺缺

第4點或許有時候還可以解釋成男人怕麻煩，但如果第4和第5點一起出現，妳絕對要當機立斷，妳和他就只是「魚肉關係」而已，就像妳吃一條魚，肯定不會記得他的名字叫做Nemo之類。

勸世語 H

對於個人資訊有所保留的男人，他希望的關係是他主動找妳就好，至於妳，只能乖乖等他翻牌侍寢而已！

8 三種行為顯示，這個男人正認真和妳交往

很多女生會問我，她一直不了解交往中的男人是否認眞對待她，也因爲這樣，每天都提心吊膽、疑神疑鬼。到底要怎麼確認，妳身邊的這個人，是打從心底認眞和妳交往，還是只是玩玩而已？

先來定義「認眞交往」這幾個字。並不是一定要「以結婚爲前提」的交往，才叫認眞。有些人原本就是不婚主義，有些人是不認爲自己適合結婚，因此，在我的定義裡，「認眞交往」是指「當下」的認眞，非關未來的承諾。

1. 越早讓妳進入他生活圈的男人，對妳越認真

當妳認識一個男人，並且開始交往之後，要看他是否有心對待妳，就要看他在多短的時間內，介紹身邊多少人給妳認識。很多女生朋友跟我說，她和男友交往之後半年，只認識他一個死黨，其他公司同事也好，從前的同學也罷，她一個都沒見過。像這種隱藏自己生活圈的男人，其實在我看來，就是一種不夠認眞的表現。

男人對妳隱藏生活圈通常有幾種可能：他認爲很快就會和妳結束，因此沒必要介紹他的親朋好友。再者，他的交友圈裡，或許有許多和他有曖昧關係的女生，導致他不想曝光自己已經死會。再者，就是他不認爲妳夠體面足以帶出去給他朋友認識，或者更慘的是，他原本就有別的女朋友甚至未婚妻、老婆之類的。

總之，在越短的時間內，讓妳理解越多關於他生活圈裡的人事物，才是認眞對待妳的男人。

2. 手機不加密、臉書不避嫌的男人，對妳是認真的

男人是否認眞對待妳，和他願不願意卸下對妳的心防有絕對關係。舉個最簡單的例

子，關於他的手機，如果他願意在妳面前不設密碼，或者任由妳查閱他手機裡的任何訊息，我敢打包票，他對這段感情肯定有著相當程度的認真。

願意將手機或是臉書裡的異性，一一介紹給妳看，甚至不惜刪除好友的舉動，幾乎可視為對妳絕對認真的表現（當然要提防可能將資料備份等賤招）。

另外像是在外面自己租房子或是自己有房子的男人，如果他願意將備份鑰匙交到妳手上，讓妳隨時進出，我也能確定，這個男人是認真在和妳交往。

3. 從上床以外的「親密」行為，看出他對妳的認真

這裡指的親密程度絕對不是「上床」這樣的事情。

現在這個時代，就算有一個男人天天和妳做愛，妳也不應該相信，他是認真在對待這段感情。親密程度指的是他願意替妳做的事情，或者是他願意讓妳替他做的事情。

比方說，他願意讓妳幫他買內褲，或者決定床單顏色等較隱私的事情。又或者，他願意陪妳到婦產科檢查身體，願意陪伴妳某位不熟的長輩出席一些場合。更甚者，他可以容忍妳放屁、邋遢，或者願意幫妳的狗狗處理大小便，願意讓妳幫他在肛門塗抹痔瘡

藥等等。

話雖如此，我還是得補充說明一下。就算妳的男人以上三種行爲都做到，也還是只能保證「當下」，而不是「永遠」的承諾喔！

勸世語 H

當妳認識一個男人，並且開始交往之後，要看他是否有心對待妳，就要看他在多短的時間內，介紹身邊多少人給妳認識。

9 男人說不出口，卻惹惱他們的原因

常有人說女人心海底針，但事實上，男人心有時也像迴紋針一樣迂迴難解，令女人猜不透。就像男人常常不理解女人生氣的點在哪裡，男人當然也有一些在女生眼裡，莫名其妙生氣的狀況。H就來帶妳找出惹惱男人的引爆點。

1. 妳被別的男人逗樂了

這種情況通常不會出現在只有你們兩個人相處的時候，而是在有很多朋友，男男女女群聚的場合。有些心眼比較小，或是比較敏感的男人，會察覺自己的另一半，比較喜歡和哪個異性朋友親近、對誰講的話比較有反應。

比如說，妳和A男是男女朋友，可是在某次聚會裡，卻因爲B男講的笑話，被逗得樂不可支。如果B男的笑話的確讓全場不分男女都笑開懷，基本上就沒有太大的問題，但如果只有妳特別捧場笑得特別開心，就有可能造成男友心裡不開心。

然而，A男有可能不會明講自己生氣的原因。因爲他不想讓妳認爲他是個容易吃醋的男人，於是就會用不同的藉口或理由，在你們聚會結束之後發脾氣。

2. 對話中重複出現某個男人的名字

這一點，就有可能出現在你們獨處的時候。只要妳在與男友對話時，不斷提起某個男人的名字，就容易導致男友不悅。因爲他會認爲，妳潛意識中或許對這個男人很有好感。不論妳提到這名字的時候，是褒還是貶。

但同樣的，他也可能不希望讓妳因此認爲他很小心眼，於是，也會假借其他理由來發作。

3. 妳接受了其他男人的好意

雖然說現在這個時代女男理應平等，但是在很多東方男人的心中，還是會認為女朋友或是老婆，應該是自己來保護的。於是乎，當一群男男女女的朋友聚會時（甚至是另一半不在的場合時），如果妳不小心接受了其他男人的好意，妳的另一半，也可能因此借題發揮。

妳所接受的「好意」，有可能小到像是搭另外一個男人的便車回家，或者是和別的男人共撐一把傘……等，都有可能讓敏感而大男人的另一半感到不舒服，但又不希望小題大作，只好惱羞成怒去找一些其他不重要的瑣事對妳出氣。

當然，我講的可能是比較極端的男生，或者是年紀比較輕的男生。但事實上，我認識的男人中，有這樣反應的人也不算少。所以呢，下次當妳發現男友或另一半沒來由地生氣，但妳卻找不出原因時，可以回想一下這幾種狀況，或許，他生氣的事情不是當下發生，而是在最近的某個場合裡，妳做了某件事讓他耿耿於懷吧！

同時，也希望男人們坦率點，談感情彼此猜忌，很容易出問題滴！

勸世語 H

當妳發現男友或另一半沒來由地生氣，但妳卻找不出原因時，可以回想一下，或許，他生氣的事情不是當下發生，而是在最近的某個場合裡，妳做了某件事讓他耿耿於懷吧！

10 男人做愛時不想聽到的話

通常在討論「做愛」這件事時，我們總會先提到男人不應該在做完之後就立刻睡覺，或者立刻走開之類的行爲，但是換個立場想想，男人在做愛時也有些禁忌，如果妳是男人，妳不希望在做愛時或做愛後，聽到什麼樣的話呢？

1.「痛！」「痛死了！」

關於這一點，當然要回推到男人身上，或許是男人的技巧不好、不夠溫柔，才會造成女生的「皮肉傷」。

只不過，在這邊想要和女性朋友分享一下，痛的時候當然一定要出聲反應，但如果是像剛進去的瞬間，有些不夠潤滑的時刻，盡量牙一咬過去就算了，因爲妳這樣的反應，很多時候會讓男人動輒得咎，一旦讓他們認爲，碰這裡也痛，摸那裡也不舒服的時候，男人的小弟弟，就很容易因爲分神而垂頭喪氣了。

2.「用力點！再用力點！」

有些女性朋友認爲這句話對男人來說，有激勵作用。事實上，如果換種說法，可能會更有幫助，例如說：「再來，再快一點，再多一點」之類，會讓男人更加賣力。但如果單純的使用「用力」兩個字，聽在男人耳中，難免會有「因爲不夠力，所以要我用力」的錯誤解讀。男人的心情一旦受到影響，身體反應也會很誠實。

3.「結束了嗎？」「可以繼續嗎？」

以上這兩句話，其實都有雙重意義。「結束了嗎？」可以解讀成「這麼美好的過程，這麼快就結束了嗎？」；「可以繼續嗎？」也可以解讀成「太棒了，雖然剛才結束了，但我們可以再戰一場嗎？」對男人來說，時間永遠是一種抽象的存在，他所想的通常跟妳不一樣。

「結束了嗎？」很容易被男人解讀成「也太快了吧？」；「可以繼續嗎？」也很容易被解讀成「剛才真不過癮」的意思。爲了女性朋友自身的幸福，在這種節骨眼上說的話，其實可以三思或更精準些。

4.「以前我都怎樣怎樣，如何如何……」

這是最尷尬的時刻。

不管妳是因爲剛才的過程太舒服，或是太不舒服，不論男女，都很容易在這種全面放鬆的時候，脫口說出一些潛意識中的話。包括想起和前男友做愛的經過。當然，這事情男人也會做，只不過以「做愛」來說，男人畢竟是比較勞力活的一方，他們可能不至於輕鬆到放下一切心防，和妳掏心掏肺大聊過往羅曼史，但女生們也千萬不要因爲一時鬆懈，進而講出什麼「上一次我們做的時候，發生了什麼事情」，或是到了某一個摩鐵，脫口而出「上次來的時候，這裡的裝潢似乎不太一樣」之類的蠢話。

勸世語 H

男人的心情一旦受到影響，身體反應也會很誠實。

11 極致挑逗！這樣做，讓男人蠢蠢欲動？

不像以前一樣封閉、被動，現在的女性更懂得享受性愛，也更主動積極求愛，但在某些時候，卻還是希望保有女性的矜持，因此就會產生很多從前的女性在性方面上不曾面臨的問題。然而，要一個東方女生自己開口要求「上床」，或許還是沒那麼容易啓齒，畢竟東方男人也還是傳統保守居多，若一個不小心讓對方誤以爲妳是個放蕩的女人就不妙了。

那麼，女人究竟該怎麼做，才能挑起男人的情欲，技巧性地化被動爲主動呢？

1. 從視覺開始擄獲

要男人產生性欲，最直接的方式，就是利用他們的視覺。很多女性朋友都忽略了在這一點上下功夫。比方說，穿上性感的內衣，或者在家裡面刻意不穿內衣、露出大腿等，這些單純的視覺刺激，都很容易讓男人「開機」。

但是千萬要記得，穿得少，不代表穿得隨便。不要恣意地穿著阿嬤內褲或是小朋友卡通睡衣，就希望可以得到青睞。若隱若現的情趣，更容易刺激男性。

2. 探索他愛的「女人香」

很多女性朋友有自己慣用的獨特香水，但妳可能不曉得，妳認爲好聞的香水味，多數時候並不是男人喜歡的味道，除了引發男人的噴嚏和過敏，更不會引發男人性欲。建議妳，平時出門可以使用自己喜歡的香水，但是晚上進了房門，最好可以嘗試幾種不同的香水，看看妳的男人對哪一味特別衝動。那麼在往後的日子裡，一旦他聞到這樣的香味，就會有「開機」的衝動了。

3.「角色扮演」和妳想的不一樣

請不要一看到「角色扮演」就覺得難度很高，以為要玩什麼變裝秀，事實上，很多男人並不是眞的需要妳去扮演什麼樣的角色和特殊裝扮，他們只是喜歡看到妳做某種特定的打扮，甚至只是上班時的穿著打扮。

一般女性回到家，最容易讓男人興趣缺缺的行為就是：立刻洗澡換衣服打回原形。要知道，妳為了上班而打扮的模樣，很有可能就是男人當時愛上妳的形象。因此，只要妳嘗試幾次回到家之後，依舊維持原本在外面的裝扮，或許就可以分辨出妳的男人，是喜歡妳穿套裝、窄裙或是洋裝？還是對絲襪特別有性趣？當妳在某天想要主動求愛時，只需換上妳的「戰鬥服裝」，自然就可以手到擒來。

4. 終極戰術！直接觸摸身體

說句直白點的話，只要妳想上床，其實只要身體主動貼過去，男人通常是不會拒絕的。如果妳不想太直接「直搗黃龍」，可以先親吻男人的脖子或是身體，都會讓他蠢蠢欲動，成功挑起他的感官和情欲。

勸世語 H

請不要一看到「角色扮演」就覺得難度很高，以為要玩什麼變裝秀，事實上，很多男人並不是真的需要妳去扮演什麼樣的角色和特殊裝扮，他們只是喜歡看到妳做某種特定的打扮，甚至只是上班時的穿著打扮。

12 從做愛這件事，摸透妳的男人

我雖然從事過不少類型的文字工作，但我不做心理測驗的設計。以下內容並沒有真正的科學根據，只是憑經驗累積所做出的資料分析供女生們參考。我們可以從一些比較趨近年輕人的交往模式裡（先做愛幾次，再慢慢了解彼此），觀察到幾個指標，透過做愛的過程，好好的瞧瞧這個男人到底是個什麼樣的人種。

指標1：前戲是否用心？

基本上，男人對於前戲的用心程度，可以看出這個男人對妳愛護的程度。如果一個男人不懂得這一點，凡是上床做愛，都是直接脫褲子直搗黃龍，那麼我可以說，他的行為裡，「愛」的成分及純度並不高，反而是被「欲望」這隻野獸附身的機率會比較高些。

當然，前戲也分成不少種類。有些男人會千篇一律認爲只要能讓女性發出呻吟，就是「成功」的前戲，但事實上，這並不算是正確的心態。這樣的男人表示他們只是喜歡駕馭女性、征服女性的感覺。最好的情況是，男人在進行前戲時，一直觀察女性的反應，試探對方，以讓女性舒服爲目標，讓「通路」擴張、濕潤爲原則，這樣的男人，就是個講究邏輯、懂得體貼，且有同理心的對象。

指標2：體位是否一成不變？

很多男人做愛只有一招，他或許會仔細的做前戲，但是前戲的流程也只有一套，整個做愛過程感覺像是科學園區的SOP，如果中途有別的需求，對不起，那得要等到下次主管會議的時候提出，再經過三個月上層的討論之後，才有可能產生。關於體位，也是這麼回事。

我並不是要說會變換很多體位做愛就是個很靈活的男人，我只是想說，如果妳的對象是這樣的男人，每次都使用相同的體位，我相信他的生活也很規律、作息正常，不熱中追求新鮮事物，出門吃飯大概就是那幾家餐廳。當然這也沒什麼不好，因爲出軌的機會比較低，只不過，妳也不太需要期望他會給妳什麼浪漫的驚喜，因爲對他來說，就連最能取悅妳的事情，他都可以做得這麼千篇一律，在其他生活層面上，我想就更不用肖想了。

相對來說，如果每天都準備新的情趣用品，對於挑戰難度指數五顆星體位躍躍欲試的男人，雖然在床上可能異常有趣，但畢竟求新求變的基因作祟，對於他可能出軌的防堵就要做得更周密一些。

指標3：是否常常「疲弱不振」？

精力旺盛的男人，的確在事業上也是一馬當先居多。如果「第一次」親密接觸的時候，男人的狀況不佳，小弟弟有被迫服用「鬆筋軟骨散」之虞，那麼我們可以合理的懷疑，這個男人在面對壓力時會比較沒有「凍桃」。

我們可以觀察他「前三次」的床上表現作爲評估，取三次成績的平均，大概就可以清楚知道，妳面對的男人，究竟是軟腳蝦，還是胸懷大志。

至於違反「槍械管制法」提早開槍的男人，基本上也可以三次爲限。就像你去探索鬼屋一樣，如果是初次去到新的鬼屋，因爲太陰暗潮濕又陰森可怕，導致妳驚嚇過度提前跑出來，那當然情有可原。但是，男人就是要「哪裡跌倒，哪裡站起來」，如果第二次、第三次都沒有思考利用不同的攻略法「長驅直入」，表示這個男人面對問題的時候，缺乏反思能力，無論在生活上或是工作上，也不會有優秀的表現。

指標4：事後是否貼心？

最後一個指標，我認爲最重要。

通常男人「出勤」結束後，不論是倒頭就睡，或是直接走進浴室洗澡的這兩種男人，我認爲妳都應該再三考慮，是否繼續交往。因爲男人在大量的「徒子徒孫」離開體內的瞬間，的確是最虛弱的時候（香港電影裡面常常提到，要趁這個時候攻擊他），而當一個男人最虛弱的時候，他還會想到妳，還會再親親妳的乳房，摸摸妳的皮膚（維持妳的快感），甚至急忙拿衛生紙，幫妳擦拭乾淨這樣的動作，都代表著如果妳們持續交往，就算人生中遇到一些挫折或是問題，他都會考慮妳的感受，而不是只想到自己。

勸世語 H

違反「槍械管制法」提早開槍的男人，基本上可以三次為限。男人就是要「哪裡跌倒，哪裡站起來」，如果第二次、第三次都沒有思考利用不同的攻略法「長驅直入」，表示這個男人面對問題的時候，缺乏反思能力，無論在生活上或是工作上，也不會有優秀的表現。

13 男人在交往時不會對妳說的秘密

曾經看過一本兩性書籍，書裡提到「對待男人就像對待狗一樣」的概念。我個人是沒有完全認同，但是我相信對於女生而言，想要了解男人心裡在想什麼的心情，應該就像是狗主人在養狗時，想知道主人離家之後，狗狗在家裡幹些什麼事情一樣好奇。妳一定也很想知道，那些男人在面對各種不同情況時，心裡面的O.S是什麼？

當然，我的言論無法代表全部男生，我所列出來的都只是「可能性」而已。

1. 關於妳的姊妹淘

在闡述這一點之前，我得先說明，「物以類聚」這句話，不但適用在男人間的狐群狗黨，更絕對適用在女性的「姊妹淘」中。也就是說，對於一個正常男人來說，當妳帶他去認識妳的姊妹時，在他眼中，他看到的或許是一群在許多條件上看起來和妳很接近的女人。

其中，或許有人的個性、外表、談吐或是身材，比妳更合他的「胃口」。

當然，他不可能告訴妳，而這就是一個秘密。男人通常會覺得妳的某個姊妹很正、很聰明、很辣，但是在妳面前，他一個字都不會吐。

2. 關於A片

我已經不止一次被問到關於男生看A片這件事情。通常女性朋友都會覺得奇怪，「他已經有我了，他不會看A片的……」事實上，這是男人之間普遍存在的共同秘密——有時候，看A片比實際做愛更爽！

因此，很多男人就算和妳同居，就算他今天和妳做過愛了，還是有可能在妳睡著之後，自己在書房看A片。

3. 關於性幻想對象

男人女人都會有性幻想對象。很多女性在做愛時，心裡面想的人，並不是眼前的枕邊人，而是電視劇裡的男主角或者是偶像團體的歌手。然而，男人因爲「性和愛可以分得很開」這個緣故，所以他性幻想的對象非但不是妳，也不是什麼女明星，更有可能是生活中出現的人，包括上司的秘書、女兒的老師，或者是隔壁的某某某……噓……

勸世語 H

秘密，永遠是秘密，就算妳抓著男人質問，還是不會得到真正的答案……

14 如果妳的男人出現這些症頭，請提高警覺

在要揭穿男人的詭計前，還是要先聲明，身爲男人，我們自己相當清楚男人是如何容易產生欲望，在這個世界上，幾乎各種感官都可以引發男人的性衝動，因此，如果不幸中的不幸，一旦發現妳身邊的男人有異狀，麻煩請溝通先，不要急著打包走人。親愛的讀者，答應我，好嗎（打勾勾）？因爲這樣，我才可以放心地往下寫。

以下就是男人在外面做完壞事之後，有可能留下蛛絲馬跡的可疑之處：

1. 發票不漏白

很多女生會檢查發票，檢查這個男人去過什麼地方，然後推斷他做過什麼事情。不

過，我這邊指的「發票」，並不是要妳去看開發票的地點，而是數量。眞正做壞事的男人，會習慣性把口袋或是皮夾內的發票全部清空，因爲這樣一來，妳也無處搜查。問題來了，如果妳認識他的時候，他就是這樣的習慣，妳當然可以當他是不喜歡口袋裡面有雜物的人，但是如果在交往前，他就有收發票的習慣，交往之後，在家裡卻看不到他的發票，那麼，請小心。

我也有認識更厲害的男人，爲了以防萬一，他這輩子堅持從不留發票，就算在他沒有女朋友，還是單身的時候也一張不留，如果妳遇到這種人，我只能說，恭喜妳，妳抽到鬼牌了，世界上絕對有偷吃不會被妳發現的人，不過，諷刺的是，即使眞正遇到了，因爲妳始終被蒙在鼓裡，所以，好像也不用難過（誤）。

2. 味道有「加料」

男人的性衝動很容易被挑起，其中包括看到、摸到、聽到什麼，當然也包括「聞到」什麼。很多男人只要聞到熟悉的香水味就有可能勃起，聞到女人的髮香就會有性欲。而我這裡指的味道，是另外一件事情。

男人做壞事的程度有輕重緩急，但是對男人來說，眞正的壞事，一定是做到最後一步，才算得逞，也就是「上床」。不管男人在外面是花錢買「愛愛」，還是眞正偷吃的「愛愛」，在做完壞事之後，一定需要洗澡，他身上的味道，就很有可能被新的沐浴乳味道取代，回到家後，如果妳夠敏感，自然就聞得出來。

另外，男人也會刻意用其他味道，掩飾自己身上的味道，例如菸味。如果妳的男人本來就抽菸，的確不容易發現他身上的味道改變，但是如果他原本不抽菸，可是最近回家身上總是有菸味，麻煩提高警覺。

3. 用手機習慣改變

手機我想不用多講，因爲這應該是每個人都會注意到的事情。不管是他的電話裡出現「未顯示號碼」的來電、在奇怪的時間（半夜）接到奇怪的電話、電話響了他不敢接、接起電話卻很自然地站起身走到別的地方，或是原本每通電話都不會漏接的好男人，開始偶爾會有一兩通漏接，或者連進浴室洗澡，都堅持要把手機帶進去，也有可能原本沒有設開機密碼，卻突然發現他設定了新密碼，當然更不用說，妳忽然發現他不只一支手機，又或者接了電話，就說要出去處理事情之類。

總之，使用手機的習慣一旦改變，百分之七百六，這個男人在外面有鬼了。

4. 開始注重外表

曾經有位立法委員在這件事上做過很標準的示範，我們就不多探討了。我要提醒女生的重點是，並不是只有當男人開始注意自己的外表、開始減肥、開始打扮才是有問題的，當他開始改變喜歡的顏色、身上增加飾品、換了香水、嘗試新的穿衣風格……等，這些小地方，都有可能是因爲外面新對象的喜好所致，因此，千萬不要輕忽對方任何一個小改變，只要有任何一種改變，那就是蛛絲馬跡。

5. 愛愛頻率或流程改變

對男人來說，眞正的壞事，一定是做到最後一步才算數。所以呢，如果妳的男人和妳做愛的頻率忽然從一週五次減少到一週四次，請注意，這就已經是紅燈警訊了。當然，或許妳會說，如果男人在外面做壞事，可是回到家之後，還是假裝和妳做足了原本慣有的次數，那要怎麼發現呢？

要知道，男人的精子是持續在製造的，如果愛愛的頻率固定，每一次的量其實相差不多。但如果原本一天一次，變成了一天兩次，精子數量自然就會減少，也就是說，他把其中一次在外面「花」掉了，回到家以後的狀態，妳當然可以察覺出不對勁。再者，如果他已經「花」掉一次的「額度」，回到家又和妳展開第二回合，通常時間會更久，或者，體力不好的男人，會不容易勃起，不管是哪種情況，妳都可以看出這個男人有沒有把精力「花」在別的地方，而不是只用在妳身上。

另外，如果這個男人在床上的花招忽然變多了，或是愛愛的流程改變了、體位也換了，或許可以解釋成他想要給妳新鮮感，但這也可能是因爲，他在外面嘗到了新花招。

H 勸世語

對男人來說，真正的壞事，一定是做到最後一步才算數。

15 男人為什麼會劈腿？

很多女人只要一發現男人劈腿，就會不分青紅皂白的想要分手，然而在我看來，劈腿這件事情，還是其來有自的，如果妳能先理解這些原因，或許可以避免這件事情發生。當然，如果妳碰上的是一個天生就以劈腿爲己任的男人，以下這些原因也可能只是他的藉口罷了。

1. 嘗鮮

這裡討論的是劈腿，不是偷吃。以我的定義來說，劈腿的行爲應該是屬於與同一個對象偷吃超過兩次以上，就可以認定這個男人是在劈腿。而「偷吃」可能只是偶爾在外面遇到喜歡的女生，想要嘗鮮一下罷了。

所以，劈腿是從偷吃開始。這種行爲對大多數的男人而言，原本可能只是想要一夜情而已，但沒想到卻「一試成主顧」，成了固定交往的對象，所以就演變成劈腿了。

爲了不讓這件事演變到最後，妳必須明確表明態度讓男人知道，就算只是逢場作戲的一夜情，妳都不能允許，否則，終究會演變成鄉土劇劇情。

2. 前後段感情交錯重疊

通常，最常發生劈腿的情況，是在前後任女友的交錯時期。

比方說，這個男人和前女友因誤會而分手，目前和妳交往，但是妳又因爲某件事和他大吵一架，兩人在短暫分開的兩週內，剛好他的前女友有事情回來找他，兩人不小心舊情復燃，擦槍走火，過沒多久，妳又和他和好了，這個時候對他來說，便陷入劈腿的狀態。

這是我目前聽到，最多讀者來信造成劈腿的原因。因此，在一開始和新男友交往時，請務必確認他和前女友的關係、狀態，以及分手原因。

3. 女方主動送上門

如果妳交往的對象，是一個非常有女人緣的男人，那麼這件事情，就很有可能在妳看不到的時候發生。男人畢竟是很感官的動物，一旦女人自己送上門，男人在半推半就之下，通常很難拒絕。就像第1點一樣，他或許會認爲這只是特殊情況偶一爲之，但是一個不小心，偶爾就成了習慣，也就背上劈腿的罪名。

4. 遠距離讓人空虛

在我聽過的案例裡，第二多的劈腿情況，大概就是這類。其中包括老公到大陸單身赴任、是男友在外地求學，就連在異鄉旅遊一個月不到的對象，都有可能因爲這種空虛或浪漫而出軌。通常會做出這類事情的男人，總以爲只要回到自己的國家，事情就結束了，殊不知現在拜科技所賜，國與國無國界，甚至有很多故事，是從第三者願意飛回自己的國家之後，才開始精采。總而言之，不要以爲塡補一時的空虛不會造成什麼可怕的後遺症，事實上，這就是劈腿的最大導火線。

更有很多男人，其實同時符合上述多種情況，那麼，就直接請他離開吧！

勸世語 H

為了不讓一時的偷吃演變成劈腿，妳必須明確表明態度讓男人知道，就算只是逢場作戲的一夜情，妳都不能允許，否則，終究會演變成鄉土劇劇情。

16 我們關係很穩定，為什麼他不向我求婚？

雖然我早就不主張結婚這件事一定要由男方開口，在現代這個社會，其實不管是哪一方先提結婚都不奇怪。但是，我們也很清楚，女生似乎總希望自己是被動的那一方，時代再怎麼樣變遷、再怎麼講究女男平等，女性朋友還是渴望那種夢幻般的求婚場景，如果可以把被求婚的影片Po在網路上放閃和接受大家祝福，那就再夢幻與虛榮不過了。

可是，爲什麼明明已經交往那麼久了，他還不向妳求婚呢？男人心中到底在想什麼？

如果你們已經穩定交往一陣子，但是對方卻絕口不提結婚的事，有可能是以下幾種情況：

1. 經濟狀況

很多男生對於男人在社會上該承擔的壓力與責任總有莫名的堅持。事實上我不只說過一次，結婚之後，會讓男人對工作更有目標，對於理財也更有計畫，因此「先立業再成家」這種觀念，其實對於你們的感情一點幫助都沒有。因此，如果妳發現妳的男人是屬於這種，最好趕緊戳破他的想像，這年頭創業不見得會成功，薪水不一定逐年提升，反而是讓自己先有責任，才有動力開始努力賺錢與存錢。

2. 家庭狀況

這一點其實很棘手。如果是妳的家庭狀況或許比較好解決，但是也有可能不好釐清。怎麼說呢？通常，如果對方是因爲妳的家庭狀況而不願意和妳結婚，他其實不太容易說出口，因此妳會被活生生地拖延時間，直到妳自己忍不住而放棄爲止。當然，如果對方願意說清楚原因，或許就比較好解決。但是，如果是因爲「對方家人不滿意妳」這種理由，妳就得祈禱自己遇到的是一個頂天立地的好男人，會無條件地站在妳這邊幫妳說話（基本上很難），只不過，這當然還是得花上好一段時間，費好大的功夫。

3. 感情狀況

講到這點，女人都會緊張。是不是因為外面有別人，所以不和我結婚？這個可能性當然存在，只不過，如果被妳發現，大不了分手就好。怕的是，男人對妳的感情狀況正進入一種「情人變家人，雞腿變雞肋」的過程。我們常說，交往之後的半年內，最有可能衝動結婚，過了這段時間，或許兩年、三年、五年，都有可能結婚，但就需要一種刺激，一種動力。那可能會是同儕團體開始陸續結婚了，也可能是身邊親人發生重大事故，忽然體會起枕邊人的珍貴，或者是一些比較屬於個人的生活觸發，都有可能產生結婚的衝動。然而，當感情過了「激情期」，進入「結婚期」之前的這段時間，妳一方面等待對方求婚，一方面又擔心自己年華老去，千萬不要坐以待斃，不管是想辦法去創造出一種該結婚的氛圍，或者是乾脆自己開口提結婚，其實都好過讓妳們的愛情自然死亡。

要知道，愛情不是不能變親情，但必須是兩人真的組成家庭後，才能讓戀人間的愛情昇華成家人間的感情，否則，面對一個對妳只有家人般感情的「陌生情人」，他是不會有想和妳結婚的衝動的，也就是說，在眞正結婚前，千萬不能讓你們的感情完全昇華了，畢竟這和「水的三態」不同，不是可以隨便固態變氣態，氣體變液體的。

H 勸世語

當感情過了「激情期」，進入「結婚期」之前的這段時間，妳一方面等待對方求婚，一方面又擔心自己年華老去，千萬不要坐以待斃，不管是想辦法去創造出一種該結婚的氛圍，或者是乾脆自己開口提結婚，其實都好過讓妳們的愛情自然死亡。

17 男人心目中的必娶女人

目前台灣不但離婚率高，結婚率也偏低。除了經濟不景氣外，其中也包括了意願問題。難怪很多女生問我，到底男人喜歡什麼樣的女性？什麼樣的女生他們才願意娶？

1. 家事一把罩的女生

有句諺語說：「要抓住男人的心，就要先抓住他的胃。」這點在男人結婚的考量上，真的占有舉足輕重的比例。並不是說男人一定要女人做家事，而是現在這個時代，懂得做家事又願意做家事的女性越來越稀有了，家事一把罩的女生，足以讓男生產生家庭感，並且想像和妳結婚之後的景象，進而訴諸行動。

雖然社會形態在變，但是可以讓一個男人下班後回到家，享受老婆打理舒適的家庭環境和溫馨晚餐，依舊是一種幸福的理想家庭構圖元素。

2. 能幫夫的女性

在我接觸過的案例裡，有很多男人娶老婆的先決條件是「她可以幫我處理工作」。反過來說，如果女生事業心很重，又剛好認識一個可在工作上給妳很大幫助的男生，妳也一樣會把這一點納入是否和對方結婚的考慮之中。

因爲社會結構在改變，就連考慮結婚對象也越來越功能性了。

3. 願意生小孩的女性

說句實在話，如果結婚之後不生小孩，對很多人來說，這個婚姻就喪失了部分意義，又有什麼必要結婚呢？（話說我當年結婚時，答應老婆不生小孩）然而現在女性主義抬頭、社會結構改變，很多女性在交往前就會先和男人約法三章：「我不生小孩。想生小孩的，不要和我交往。」也因此，願意生小孩這一點，反而成了男人決定是否要和對方結婚的一個依據。

4. 會給自由的女生

大部分男人不敢結婚的原因，除了因爲結婚之後，不管是個人或是社會責任都會施加壓力在自己肩上，更重要的一點是，男人認爲結婚之後就失去了自由。而大部分男人心裡還住著一個長不大的頑童，如果他在與妳交往時，發現妳這個也要管、那個也要唸，很自然就會去想像結婚後自己的處境，想著想著，那股結婚的衝動就會漸漸萎縮，當妳和他提結婚一事，甚至會把他逼跑也說不定。

H 勸世語

社會結構在改變，就連考慮結婚對象也越來越功能性了。

18 一語戳破男友最常說的四句經典謊言

常常有讀者問我，交往了一陣子之後的男友，忽然在某個時間點開始有些不同了。他總是有很多外務要忙，但是也看不出到底在忙些什麼？還有，一般男友在接到電話，或者是收到訊息之後，急著要離開的原因，究竟是否眞的如對方所說呢？

接下來，就來一一識破這些似曾相識的「經典謊言」。

1.「誰誰誰失戀了，我陪他喝酒」

很多女生應該都有這樣的經驗，交往一陣子的男友忽然告訴妳：「寶貝，我明天晚上不能陪妳了，因爲老王失戀了，我得陪他喝酒……」如果這時候妳說：「那我也一起去？」他就會說：「不用啦，他失戀喝酒，搞不好會哭勒，怕被別人看到丟臉……」總之，最後結論就是他必須一個人去陪老王喝酒。

問題是，他眞的和老王有這麼好嗎？正確答案通常是，「是的，他們去喝酒，老王應該也在，只不過，旁邊肯定有別的女生……」而這件事情，妳除非自己跟蹤他，否則就算問了老王也沒用，因爲，他老早就和老王串供好了，就算老王沒有去也是一樣……

2.「公司臨時有事，我出去一下」

這句話通常會出現在當你們兩人悠閒地逛街，或者是在家裡看電視時，他的手機忽然會響起，他會看一下訊息，接著神色緊張地說出上述的台詞，然後一陣匆忙，穿戴好衣服後，出門。

問題是，公司眞的有這麼多事情嗎？正確的答案應該是，他根本沒去公司，在這種兩人獨處時，還會讓他願意冒險出門的對象，不是前女友，就是他有意思的女生。因此呢，當這種現象出現兩三次，妳就應該想辦法查一下他手機了。

3.「是廣告訊息啦！」

當你們兩人沒事窩在家裡，他的手機會不時地嗡嗡叫，他會先忍住不去看手機，等到他發現妳注意到他在看訊息的時候，便會裝出不經意將手機丟在桌面上的動作，並且說：「是廣告訊息啦！」如果在這之後，他沒有找機會拿手機去別的空間回覆，情況就還算樂觀，如果有的話，那就危險了。

眞的是廣告訊息嗎？正確答案應該是，不，那不是廣告訊息！那有可能是曖昧對象傳來的訊息，內容包括：「你在幹嘛？」「我好無聊。」「要不要出來？」等無關痛癢的訊息，因此他不會急著回，可是如果他急著回覆，事情就比較嚴重一點，因爲這表示，他還挺重視這個「來訊者」的！

4.「我和她沒有聯絡了」

通常當妳發現他和某些人搞曖昧，或者是和前女友還有聯絡時，妳一定會要求他停止聯絡，當下他肯定是這麼回覆的：「就說沒有聯絡了，在那之後就沒有了……」可是，妳一定會質疑他眞的這麼聽話嗎？

正確答案應該是，他應該還是有在和對方聯絡，只不過，他會在意妳的反應，進而減少頻率，或者是像第3點所說的，他不會在妳面前回覆訊息，但是妳要男人斷除這些聯繫，基本上，通常都只是口頭答應而已！

勸世語 H

在兩個人獨處時，還會讓他願意冒險出門的對象，不是前女友，就是他有意思的女生。當這種現象出現兩三次，妳就應該想辦法查一下他手機了。

19 為什麼他不愛我了？

每個女生（男生亦然）總是會在被甩後，一臉茫然地問身邊的好友、問天邊的仙人、問海邊的龜仙人：「為什麼，他不愛我了……」我現在就試著把這個宇宙間最大的秘密跟大家分享。

首先，我們先反過來談，「愛」，是一種什麼樣的狀態。

我先純粹以男人的角度來回應女人的這個問題。當一個男人「愛」一個女人的時候，會認為她做什麼事都讓他心動。只要一段時間沒看到對方，就會一直想著她，然後一直想做出一些讓對方開心的事情。或者是，不希望別人和自己分享對方的時間，只希望妳被他獨占。

反過來解題，我們大概就可以知道，為什麼，他不愛妳了。

1. 當他對妳做任何事情時，妳的反應都不再讓他心動了

當對方替妳做一些事情的時候，妳已經不會感激、不會那麼開心、不會那麼雀躍、不會那麼靦腆，於是，他也就，越來越沒有動力了！

2. 他就算一段時間沒看到妳，也不覺得想念了

這一點我想女方很難做到。當女生一旦愛上對方，就會希望每天黏在一起，每天看到對方，但事實上，當妳每天看著對方的時候，妳正不停地抹滅他對妳的新鮮感。因此我們常說，要不停地充實自己，彼此分享，這樣才有可能減緩每天見面的麻痹感。

3. 就算有人與他分享了妳的時間，他也無所謂了

這一點和上一點很雷同。但事實上應該是說，當妳和他相處時，是不是每一次都有令他心動的事情或是舉動發生？如果沒有，他自然會漸漸地覺得就算霸占著妳，也沒多大意義，搞不好讓妳和別人出門，妳還會比較開心。

綜觀以上原因，我可以歸納出一個重點。那就是，開始「愛」一個人，其實就是因爲妳被看見的「好」令他心動，而妳不被看見的「好或不好」讓他想要探索。然而隨著時間過去，假如妳原本被看見的「好」依舊好，他當然會保有好感，但原本沒被看到的部分，如果他漸漸發現是「不好」的成分居多，那麼愛情自然就會被磨滅。也就是說，「愛情」就是一個過程，一個從「認爲對方好棒」到「挖掘對方是否更好或更壞」的途徑。所以才會常有人說，要維持一段感情，就要時時刻刻充實自己，兩人成長的腳步一致，才有機會挖掘出彼此更多「看不到的好」，讓這段愛情長長久久。

H 勸世語

愛情裡面的「好」與「壞」兩個字，可以代換成「適合」與「不適合」，會比較不讓人心酸。

20 從生活細節看出爛男人的跡象

有些男人從他平常的生活習慣、言行舉止，就可以看出他具有爛男人的潛力。

1. 不拘小錢

這裡指的不拘小錢，倒不是說他花錢的行爲，而是他在和妳一起出去的時候，你們之間的金錢關係。他如果不拘小錢，幫妳墊錢，之後也沒有追討或是就當作他自願支付的，自然就不用擔心。可是如果你們平常出去通常是各付各的，但在某些時候，妳先支付某些支出，不管是大錢還是小錢，到最後他卻裝傻忘記，可是依舊很大器地說：「不要在意這種小錢啦！」通常，這樣的男人，不在乎別人的付出，甚至很有可能向妳開口借錢。當然，妳借給他的錢，也很有可能有去無回。

2. 賭性堅強

這裡指的賭性堅強，不見得是眞的喜歡賭博（他若眞的已經沉迷賭博，就可以肯定是爛男人無誤！）而是平常生活中，總是很鐵齒的想要賭一把。比如說，當他開車時，在沒有任何時間限制或是急事的壓力下，他卻選擇停靠紅線，只因爲他認爲停放半小時而已不會那麼衰，或是他認爲這個路段拖吊、開紅單的機率不高。等到眞的出事了，又氣得痛罵身邊的人或是警察。像這種喜歡在生活裡賭一把的男人，著實不值得依靠。

喝完酒依舊想要賭一把，認爲不會碰上臨檢的男人，更是糟糕！

3. 耍帥至上

有一種男人，上了駕駛座之後，就像是綠巨人浩克變身一樣，平常溫文儒雅、彬彬有禮的形象，在握住方向盤的瞬間都走鐘了。說實話，我並不認爲不禮貌的男人就一定是爛男人，但如果是爲了開車耍帥或是一時的脾氣，而不顧行車安全、不保持距離，或是刻意去逼車、閃車、尬車，完全忘記車上還有自己重視的人，這樣的男人，就很有爛男人的跡象。當然，很多男人是因爲不夠成熟才會做出這些舉動，如果上了年紀，還是繼續這樣，我只能說，他完全是個只想到自己的爛男人。

4. 不分親疏

這裡指的不分親疏遠近，是指男人和女人之間的距離。好男人不只是和女人的身體距離會有分寸，就連講話的尺度，都要拿捏得恰如其分。有些男人在和妳交往或婚後都會開始和別的女人保持距離，但是有些男人則是會把「我們是好哥兒們」之類的話發揮得淋漓盡致，即使喝完酒和別的女人玩親親抱抱，他都認爲這只是感情好的表現。通常這種不分親疏遠近的男女行爲，也是爛男人的指標之一。

5. 大驚小怪

有些男人會把「保護妳」當作一種理由，但實際上卻是不停地限制妳的行爲。包括妳的衣領太低、褲子或裙子太短、和朋友出遊八點回家就嫌太晚、下班慢了半小時就質疑妳去逛街、回到家裡Line一響他就認爲是別的男人找妳……總之一切行爲，在他看來都是邪門歪道，卻都是他自己小心眼的藉口。當他自己可以爲所欲爲，卻對妳做的任何事大驚小怪，我想他就已經被列入爛男人名單了。

6. 壁壘分明

有一種男人在交往的時候就會和妳算得很清楚，很可能是妳爲朋友花的錢或是妳親戚的事情，對他來說，他認爲這些和他一點關係都沒有。他認爲自己只是和妳交往，不管是對待他自己的家人、朋友，或是對待妳的親朋好友，都分得清清楚楚，這樣的男人到最後通常會原形畢露，讓妳發現他根本只在乎自己，自然也是爛男人的跡象之一。

H 勸世語

如果妳的男人中了兩個條件以上，而妳還不願意離開他，我只能說，那就是自找的！

21 STOP！遇到這三種渣男趕快逃

很多女性朋友總是在交往或是分手之後，才悔不當初怎麼會和那樣的男人在一起，事實上，男人有些特質，其實在當朋友的時候就可以提早發現提高警覺。有以下幾個特質的男人千萬不要碰，因爲一旦交往，他們就會成爲妳的噩夢。

1. 控制狂

或許很多男人或多或少都有控制欲，只是每個人程度不同，但就算程度再嚴重，女人也都會將其視爲愛自己的表現，究竟眞正的控制狂和眞愛的差別，要如何判斷呢？

通常控制狂會規定女人所有的「時間」，不准她和任何人見面。以程度來分，健康的男人會准許妳和原本就認識的異性朋友見面，前提是自己也必須認識對方。控制程度比較嚴重一點的男人，就會限制妳和男人單獨見面，不管他認不認識。更嚴重一些的，會要求妳不論同性或異性朋友，一律不准見面，最可怕的是連妳和家人見面，他都不允許。

是否要和他交往的標準，就在於有沒有跨越限制妳和同性朋友相處這一點。當一個男人連妳和同性友人見面都不允許的時候，我認爲，他絕對是個控制狂，或者是個心裡極度不安或有其他缺陷的人，請務必和這樣的男人保持距離，以策安全。

2. 暴力傾向

身處「情人暴力」中的女性，總是會認爲對方是因爲太愛自己，絕不是眞正想要動手，或者僥倖認爲，這是他唯一一次動手，之後就會改的。男人抒發怒氣的標準，我們也可以來分析一下。

情侶難免吵架，一旦吵架失去理智，有些男人會激動的罵三字經，再嚴重一點會搥打牆壁或是桌椅，接著比較可怕的是在妳面前丟東西，再更有威脅性的就是觸碰妳的身體，例如：抓緊手腕、抓肩膀、推擠、抓頭髮、賞巴掌，甚至出拳……

我聽過很多案例是，不少女人總是經歷到上述暴力行為的後面幾項，才意識到自己的男人有暴力傾向，然而，當他們會在妳面前摔東西的時候，這已經是個臨界點了。無法抒發怒氣的男人，如果藉摃打物品來排解而傷害了自己，至少還有想到妳的安全，但是一旦丟東西出手，就有可能傷害到妳，也因此，這是妳判斷暴力程度的最後底線，一旦逾越，請立即撤退，快速逃跑！

3. 花心大玩咖

很多女性朋友認為自己的男人只是愛耍嘴皮子，包括出門吃飯和餐廳的女服務生瞎打屁，也都認為只是一種幽默，然而，這些行為，妳到底應該接受到什麼程度呢？

一般來說，在聚會中，妳的姊妹淘主動開口找妳男友聊天，男友當然也不能過於沉默，一來一往的對談算是健康，但妳盡量要在場。有時候聊得興起，姊妹淘會主動向妳男友要電話、Line、臉書，或者更進一步，男友主動向對方要這些連絡方式，接著就是在這場聚會中，和姊妹淘產生單獨相處的機會，或者是男友在自己一個人的情況下，主動要求送姊妹淘回家。

原則上，當男人主動開口向妳以外的異性朋友要那些連絡方式時，我認爲，這其實已經是種警告了。千萬不要天眞的以爲，這樣的男人是爲了妳，才和妳的姊妹淘熱絡唷。

原則上，好男人在這樣的場合才應該要「逢場作戲」，他和妳身邊的女性朋友，最好就只是在妳也在場的情況下，和她們和樂融融，其餘時間，就算他顯得冷漠，以妳的立場而言，也都應該給予肯定。

H 勸世語

男人生氣時一旦丟東西出手，就有可能傷害到妳，也因此，這是妳判斷暴力程度的最後底線，一旦逾越，請立即撤退，快速逃跑！

22 小心！哪些男人分手後會變成恐怖情人？

每隔一陣子，就會聽聞因爲男女感情破裂而產生駭人聽聞的社會新聞，這些案件多的是在分手之後，原本溫柔的男友（或女朋友），因爲不甘心就此失去一段感情，因而心生怨恨、威脅迫害，最後甚至傷害對方，連自己的人生也因此而葬送了。

其實，要在事前辨識出這樣的恐怖情人並不難，只不過熱戀中的人們，很容易會把這些小地方給刻意忽略了……

1. 重度吸食者

所謂的重度吸食者，顯而易見的是，有酗酒習慣，或是長期使用非法藥物的人。事實上，在我看來，只要是偏激地對某種飲食特別難以戒斷，其實都有可能有這種傾向。原因在於這種人過於偏頗，無法客觀地看待事情，更無法跳脫自身的角色去與人溝通。

也因此，除了飲食習慣之外，只要妳發現對方永遠只活在自己的世界與想法中，就要開始考慮，他是否會在分手後成為恐怖情人。

2. 欺負小動物

基本上，只要是有這類行為的人，都很有可能是恐怖情人，或者應該說，這樣的人就算不是情人，也都已經是個危險人物。

欺負小動物這個徵兆，千萬不要掉以輕心，也別認為要到虐殺小動物的地步才算數，即使只是平常欺負小動物的行為，妳都應該戒慎恐懼。

3. 動手動腳

雖然我曾經碰過有家暴紀錄的男人，在幾年之後因為宗教信仰而改變，但是我必須說，大多數在吵架時會動手動腳的男人，哪怕只是推妳一把，都是有暴力傾向，甚至在分手後會有傷害妳的可能。

請盡早遠離以策安全！

4. 有自殘紀錄

就算是有自殘紀錄的人，也不代表他就一定是會傷害對方的人。但是，判斷對方是否為「恐怖情人」這件事情實在太重要，因此，我必須說，在判斷對方是否有這種傾向時，我寧願妳錯殺也不可以錯放，如果心存僥倖，一旦事情發生，任誰都救不了妳。

勸世語 H

一旦發現對方可能有恐怖情人的傾向時，千萬不要第一時間就急著分手，更別在面對面時提分手，必須保持平靜，私底下安排好一切措施，包括搬家、換手機、出入有人接送等……等一切安排妥當後，利用通訊軟體聯絡，慢慢地遠離以策安全。

23 前男友為何忽然來找我？

「前男友」或是「前女友」這兩種生物，通常都是戀愛中男女最討厭對方牽扯上的「天敵」，但是如果妳目前還是單身，前男友忽然傳個訊息給妳，也挺令人費疑猜的。在我列出的幾種前男友來找妳的可能性中，還要去追究，當初到底是誰想要分手，以及爲什麼要分手？因爲那會造成不同的結果。

1. 真的想要挽回

如果當初是妳提分手，前男友告訴妳他想要挽回，就有那麼點可能性存在。或許是他覺得當初被妳嫌惡的缺點已經有所改善，因此想要回頭試試。但如果當初是他主動提分手，請妳相信我，對方想要挽回的機率很低，比較有可能的是他想要利用妳對他僅存的留戀，進而借取妳的金錢，或者是利用妳的什麼關係。

2. 想要維持肉體關係

這種情況最常發生在對方主動提分手，並且在分手後一個月內捎來訊息。他會告訴妳，他現在很難過，很想要有人陪，或者是希望妳能在身邊，雖然你們已經無法在一起之類的。通常這是因爲他和妳分手之後，一時之間又找不到別的伴侶，因此心裡空虛所致。

另外，妳和他分手大約半年到一年左右，或許也正是這個前男友和新女友的保鮮期已過，戀情逐漸降溫之際，他逮到機會就想要重溫前女友的懷抱。要注意，通常他不會只找妳一個人，而是同時發給好幾個前女友，看哪個有回應，運氣好一點，再看看是否可以發展成爲長期關係。

3. 一種不管妳死活的救贖

我這邊會提出「不管妳死活」的前提就是，這段感情當初是他想要分手，但是妳對他還有眷戀的情況下。這種情況通常會發生在前男友和他目前的女友相處出了問題，不管是他們冷戰或者吵架，一時之間找不到人紓困的他，就想起了這個世界上「最熟悉的陌生人」，也就是身爲前女友的妳。

找妳做什麼呢？找妳聊他自己。「我當初對妳好嗎？」「我眞的是這樣的男人嗎？」「妳都怎麼看我呢？」他當然是希望從妳口中得到一些力量，讓他再度重拾信心回去打那場和妳一點關係都沒有的戰役。但是他絕對沒想到，這樣三不五時來翻攪一下妳的生活，對妳的心情造成莫大的困擾。更討人厭的是，離去前他可能還會對妳說：「我這樣找妳，應該沒關係吧?!」或者是使出「謝謝妳，果然還是妳最了解我……」這種殺人不見血的暗器。

4. 一種業務關係

有一種前男友以某個角度來說，是很棒的，因爲他會和妳把關係劃分得很清楚。我們都知道，一旦前男友出現，然後開口對妳說：「有需要保險嗎？」「我現在做的，妳可以不要把它當作是直銷」，或者是「需要買車的話，找我」。不管當年是他甩了妳，還是妳甩了他，妳心裡都很清楚，這個男人已經和自己一點牽連都沒了，因爲，他已經把妳當成客戶，將妳的電話號碼歸類在「銷售」的群組裡，所以妳也不必對他存有一絲遐想。

至於其他類似想要把禮物拿回來、想要傷害妳，或者死纏爛打的跟蹤狂，我們就不列入討論了。

勸世語 H

當前男友和現任女友冷戰或吵架，一時之間找不到人紓困的他，通常就會想起這個世界上「最熟悉的陌生人」，也就是身為前女友的妳。

24 讓男人倒彈、千萬別在男人面前做的事

身爲女性，有很多舉動，我都建議盡量不要在男人面前太過隨性妄爲，畢竟，男人除了是視覺動物之外，第一眼的印象，也會決定他之後對你的態度。

1. 抽菸

大部分男人都是「只許州官放火」，男人常常可以容忍朋友做一些不良行爲，依舊可以和對方「你兄我弟」，但是這些行爲只要在女人身上出現，他們就會觀感不佳。有些男人是因爲自己抽菸，因此可以接受女人抽菸，可以接受接吻時滿嘴菸味，但有些男人不管自己有沒有抽菸，對於女人抽菸這件事情，卻完全不能接受。

2. 放屁

這又是男人另外一項只許自己「施放」的行爲。很多男人把放屁這件事當玩笑，甚至把這個舉動當作遊戲，有時甚至讓妳誤以爲對方並不在意自己放屁，但事實上，一旦妳眞的在他面前放屁，卻會在男人心中留下一種很詭異的印象。當然，這不是什麼好印象啦！

3. 吃相難看

在男人心中，女人天生應該比較溫柔、比較禮貌，因此，如果讓他在尚未了解妳這個人有多豪邁或是多幽默之前，讓他看到過於難看的吃相，肯定不會有機會贏得他的好感。

4. 白目

對於出社會的男人而言，女人在不同場合該有不同的談吐這件事情，會忽然竄升至很重要的地位，一旦他認爲妳是個白目的女人，就算對妳的外型有極佳的好感，也都有可能因此而煙消雲散。

5. 腋毛外露

對大部分幼稚的男人來說，他們不太會深究什麼是「女性主義」，或者什麼是「兩性平權」，在他們心中，女人就是該有一定的樣子，如果不是，對他們來說，很可能就是一種「失禮」。所以，很多男人如果看到自己的女人腋毛沒有刮乾淨，肯定倒胃。

6. 衛生習慣不好

「女性」在男人心目中的完美典型，可以用幾種形容詞來代表：香的、乾淨的、美麗的、豐滿的、溫柔的、撒嬌的……也因爲如此，當他們發現眼前的妳手指甲裡面藏汙納垢、頭髮很油，或者是穿著好幾天沒換的衣服時，男人會直覺認爲這不是眞正的女性，即使一開始對妳有好感，也都會因爲這些小地方，而讓好感消失殆盡。

勸世語 H

如果妳有抽菸，請盡量在喜歡的男人面前隱藏這個習慣，等到真正交往後，

或許對方會接受也不一定。

25 如何判斷花花公子會不會願意為妳放棄整座森林？

不少女性讀者會問我這樣的問題：

「老師，你認爲，要嫁給一個年輕時候玩瘋了，到現在才收山的男人，還是要嫁給一個年輕時候不曾玩過，從來沒有不良紀錄的男人？」通常，我的回答是，前者比較優，因爲以機率來說，前者會在結婚之後還亂來的可能性比較低，畢竟他已經見多識廣，對於女人、對於劈腿、對於一夜情，他早就有了免疫力，在經歷這些之後，會願意定下來結婚的男人，肯定已經看破一切，只想尋求一個平靜的下半生。

相對來說，一個年輕時不曾玩過、不曾劈過腿、不曾一夜情、不曾傷害過女人的男生，很有可能在老婆年老色衰、自己經濟能力穩定之後，才感嘆自己前半生的感情經歷如此匱乏，進而開始產生非分之想。臨老入花叢，通常就是形容這樣的人。

然而現在問題來了，如果妳眞的碰到一個「現職」花花公子，和他墜入愛河，當他開口說：「我們結婚吧！」妳又要如何判斷這個男人已經玩夠，願意爲了妳放棄整座森林呢？

幾個標準，和大家分享：

1. 老大不小，拒絕再玩

首先，我會看這個男人的年紀。看年紀這件事情有兩個重點：第一，一個年紀輕的花花公子，和一個年長的花花公子，我會比較相信年紀大的那位，一來是因爲他看過的女人或是經歷過的事情相對來說比較多，我比較願意相信，他是眞的「玩夠」了。

第二個重點是，年紀大的男人和年輕小伙子相較，體力的確有差。一個超過四十歲的花花公子，和一個二十五歲的花花公子，我當然願意相信前者比較有可能定下來，畢竟，也累了吧！

2. 曾經滄海，痛定思痛

對我而言，最能判斷一個花花公子是否會收心的重點，在於他的經歷。一個沒有人生深刻經歷的男人，是無法定下心來，說改變就改變自己個性的。也就是說，如果妳眼前的花花公子，可以告訴妳一到兩件事情，是影響他願意收心定下來結婚的原因時，我相信，這個人會比一般花花公子來得可靠。

3. 日久見花心還是真心？

當妳想要和一個花花公子結婚時，我建議，千萬不要在交往一年內就決定。如果可以將交往時間拉長到二至三年，而且在這段時間內，沒有任何不良紀錄，我才眞的願意相信，這個人已經厭倦過往的生活形態，而眞的想要和妳組織家庭，共度下半生。

最後，我還是要說，最好以上三個條件都符合，我認爲才值得妳放手一搏。畢竟就算對方年紀很大了，妳也有可能遇到一個精力充沛的老不休或老頑童；就算他曾經歷過什麼大風大浪，也有可能死性不改；至於，若你們交往期間，他都安分守己，也有可能是他掩飾得太好，婚後才不小心破功。

如果是以上三種情形，那就教人後悔莫及了！

祝福大家！

勸世語 H

千萬不要在交往一年內，就決定嫁給一個花花公子！

PART 2

這些「男」言之隱，別說我沒告訴妳！

在H收到眾多感情問題的來信中，看到太多女孩兒在理智上知道面對當下的感情狀況該如何行動，但是卻欠缺一種正確的觀念與理解，進而讓自己的心態更加健康與正面。現在，就讓H偷偷告訴妳，究竟有哪些小撇步，可以讓妳面對這些事情更從容？

1 為什麼我喜歡的男生不追我？

我身邊有很多女性朋友，有年輕美眉、三十歲左右的輕熟女，也不乏三十五歲以上的熟女，她們大部分都是面貌姣好、條件高檔，但卻常會問我同樣的問題：「爲什麼我喜歡的男生不追我？」如果妳最近也在苦惱這件事，不妨考量一下是否有以下這幾個原因：

1. 妳喜歡的人，不一定適合妳或剛好喜歡妳

我們常常在分析感情這件事情的時候，忽略很重要的一點。那就是，妳喜歡的對象，是不是適合你？又，妳喜歡的對象，會不會喜歡妳這型？

好比說，妳喜歡上一個男人，他成熟穩重、外表一絲不苟，妳或許可以推測，他喜歡的女人，也是相同類型；但如果妳是個活潑奔放、不拘小節的女生，這樣的配對通常就注定失敗（不要被偶像劇騙了，像日劇《惡作劇之吻》中的入江直樹在現實生活中根本不可能喜歡相原琴子！）我常說，找對象和找工作很像，這不是好壞問題，而是適合與否的緣分。對方如果只要一個小助理，妳卻渾身散發CEO的氣息，那這個工作，妳永遠也拿不下來，但妳需要為此難過嗎？當然不用，妳需要的，是去尋找一個適合妳的職缺。

也就是說，在探討對方為什麼不追求自己的時候，不妨先了解自己對男人而言，是屬於哪種類型，而妳目前看上的對象，又是哪一種類型，簡單分析過後，得失心就不會太重！

2. 妳營造的假象讓妳看起來比他強勢

本書後面會有「約會一兩次後，為什麼他不打電話給我了？」的內容。但是這裡要討論的是，對方連提出邀約都沒有的原因何在。

其中一個很大的原因就是，妳外顯的形象。

這年頭有太多女性被「做自己最美」的女性主義作家給洗腦了，並不是說這個主張不好，而是她們認爲，要盡情地表現自我，就算讓男人覺得「妳每天都有活動」「妳一個人也可以活得很好」「妳根本不缺男人」有何不可。事實上，這些「假象」（如果對妳而言這些確實是眞相，請自動略過），都是讓男人卻步的元凶之一。

我知道女性主義作家看到這裡一定會說：「拜託，這些男人看到女人比較強一點，就不敢追求了，那這樣的男人，我們就算要來也沒用……」事實上，的確有自信十足、能力超強的男人無懼於這種假象，甚至因爲這種假象而愛上這個女人，然而，我們捫心自問，妳身邊的男人，都是屬於這種「裡外都強大」的男人嗎？或者，他們其實也只是和妳「差不多強大」而已？既然和妳不相上下，妳又何苦故意讓自己看起來更強勢，讓這些男人敬而遠之呢？要知道，有多少機會，就因爲這樣而流失了！在那些和妳平分秋色的男人中，其實還是存有爲數不少的好男人呀！

3. 外型不打理，愛情不理妳

很抱歉，我不想太美化這點說明。

通常沒人追有一個很重要的關鍵是，妳沒有把自己的外型處理得當，對，沒錯！男人就是這麼膚淺！妳可以嘴巴不停地罵男人庸俗，但還是不能停止妳追求美麗與健康外表的企圖！

祝福妳。

H 勸世語

對，沒錯！男人就是這麼膚淺！妳可以嘴巴不停地罵男人庸俗，但還是不能停止妳追求美麗與健康外表的企圖！

2 約會一兩次後，為什麼他不打電話給我了？

很多人會直覺地回答我這個標題：「因爲他沒那麼喜歡妳呀！」但我這裡比較想要討論的並不是交往之後，對方忽然斷了音訊的原因，而是在認識之初，還在「友達以上，戀人未滿」的階段時，女生到底做了什麼，或是說了什麼，導致正要發展中的戀情夭折，讓對方毅然放棄？

1. 男生自覺條件不符女方期待

基本上，這裡所指的條件，並不是女生的身材、外貌、職業等條件。事實上，我比較常聽到男生因爲「條件不符」而萌生退意的情況，通常不是因爲嫌棄女生的外在條件，而是在不知不覺中，意識到女生對男生要求的條件。

很可能妳在約會過程中，不經意地說出像是「誰誰誰最近結婚了，她老公年薪超過百萬」之類的話。或許妳沒有特別用意，但是聽在妳約會對象的男人耳中，他寧願自己先默默退出，也不願意最後被妳發現他可能還差個二十萬才達標然後被妳fade out掉。

請切記，男人自尊之高，永遠超過妳的想像。等到確認關係之後，再一起面對這些現實，比較無害。

2. 亟欲宣告妳堅信不移的（偏差）價值觀

價值觀的層面很廣，但是最會影響男女交往的，大概就只有幾個重點：金錢，家庭，職涯。

「這輩子打死我都不生小孩」「爲什麼女生結婚後要辭掉工作？如果那樣我寧願不要結婚」「到最後什麼都是假的，錢才是最重要的」像這類的話，我眞的建議女性朋友們在交往前盡量忍住，不要在這個階段說出口。

我並不是要妳改變自己的價值觀，而是以我的經驗來說，妳的價值觀在眞正與某人相愛之後，十之八九會有所調整，而且是心甘情願的。與其在這階段嘴巴比鑽石還硬，亟欲宣告自己堅定不移的信念，導致對方退避三舍或憤而刪除妳的聯絡方式，倒不如先對這些議題保持彈性空間。相信我，諸如此類的價值觀，最後通常都會因爲「大局」而調整的。

3. 自曝太多家務事，把愛人當恩人

很多女孩很可愛，她們深怕對方和自己交往後，才發現自己的背景可能有很多負擔或是包袱，因此每每在第一或第二次約會，就鉅細靡遺地道盡自己身家背景和大小事情。

「我弟弟總是被退學」「我爸酗酒」「我們家每個月都要繳好幾萬的貸款」像這類的描述，固然會讓人覺得妳十分掏心、十分認眞面對這段感情，但也有可能讓對方產生一種「妳是出來找救命恩人」的感覺。如果對方第一次聽到這些問題時，還能無條件地概括承受沒在怕，我只能說，若不是妳的外貌眞的太吸引人，就是這個對象不夠成熟穩重、想法不夠嚴謹周密。在我看來，這些家務事，是在兩人眞正互相了解或交往到一定

程度時，才適合談的心裡話，否則過與不及，都會讓這段關係，或是對方對妳的印象打折扣。

4. 妳的Tempo不是他的Tempo

這一點通常是最常見的原因。

每個人對於男女交往及關係發展上都有一個屬於自己的節奏，諸如「第一次約會最好什麼事情都不要做」「約會三次之後才可以開始有肢體碰觸」「一開始最好一週只要見一次面，頻率不可太高」等，但男生在這種事情上，通常步調會比女生快。

這是大原則。

也就是說，當妳們第一次約會結束後一段時間，感覺他應該要約妳第二次見面了，卻完全沒行動，基本上，那就表示這個人眞的沒那麼喜歡妳。妳或許可以主動找個藉口約他出來看看（如果妳眞的那麼喜歡他的話），但如果出去第二次回來後，情況還是一樣，那就放下吧，他對妳眞的沒fu啊！

當然，Tempo不對，也有可能是兩人對於親密關係的進展步調不一。通常男生會急著想快速發展親密關係，一旦他試探過後，發現妳還沒到達那個狀態，而他也就此失去聯繫，那麼，請全面封鎖這個男人吧！因爲這已經擺明，他要嘛是不願意配合別人的節奏，要嘛，他根本就只是出來尋歡罷了。

勸世語 H

請切記，男人自尊之高，永遠超過妳的想像。

3 十個最容易讓男人動心的時刻

每次上電視談兩性話題，通常都是眞的談「問題」，也就是兩人之間面臨的困難，該如何解決之類的討論，很少會從正面的方向，去聊聊兩性之間的關係。在這裡，很開心終於能正面地告訴妳，在這十個時間點上加把勁，妳喜歡的男人，就有可能對妳動心了。

1. 按讚

在以往的兩性關係中，絕對沒有這個「加分題」，但是這個小小的「讚」對現代男女而言卻越來越重要，有時甚至是男女關係的發酵劑。男生會從誰按自己「讚」這件事情上，判斷對方是否對自己有興趣，也會因爲看到誰按自己「讚」而高興，沒按「讚」

就會莫名失落，進而評估自己對不同女生的好感度，因此，不要以爲沒按「讚」不代表什麼，其實按了「讚」，的確會讓男生對妳產生好感，甚至會逐漸依賴這個「讚」而上癮喔！

2. 誤認

偶像劇中常常出現兩個八竿子打不著的男女，一起出現在很多人的場合裡，被旁人誤以爲他們是情侶的橋段。這不是沒有根據的，通常在這種情況下，男人會從「本來沒想過」有可能有這層關係，進而在潛意識開始產生「也不是不可能在一起」的念頭，如果女生可以想辦法讓這個念頭逐漸萌芽，追愛成功的那一日就已經不遠。

3. 談「情」

和男生拉近距離的最好方法，不見得是每天在一起稱兄道弟，而是要讓男人意識到，妳是女生，妳是有可能談戀愛的對象，而最好的潛意識植入的主動方法，就是和男人聊他以前女朋友的事情，然後再不經意的說說自己和他前女友的異同，更聰明的女生，會讓對方知道自己有他前女友的優點，卻沒有前女友的缺點。因爲聊感情的事原本就容易產生曖昧，如果可以在重點加強，讓他墜入情網的機率自然更高了。

4. 共乘

前面三點談的都是從心理層面接觸以及誘發，但事實上對男人來說，感官還是最有效的刺激。不管是開車讓他載還是搭男人的機車，就算沒有緊緊摟著他的腰，即使是不經意的肌膚之親，一定會讓男生感受到妳是女人這一點，這個時候，香水味絕對是必備殺手鐧，並且要使用同一款香水，讓男人聞香思人，隨時隨地會想起妳。

5. 共舞

共舞這件事情可說是共乘的進階版。當然，兩個人不可能突然間就一起跳三貼慢舞，但是如果可以找到機會一起練舞、跳舞，就算是快節奏的街舞或是國標，只要有身體接觸，絕對是誘發性欲進而誘發愛欲的絕佳時機。同理，香水味，是必要的畫龍點睛。

6. 酒醉

接下來就是「趁他病，要他命」三部曲了。第一招，只要是你心愛的男人喝醉了，請打死不退。不管是他醉到不醒人事，或是醉得獸性大發，妳都一定要守在他身邊，待到他醒來。因爲男人對於酒醉後醒來看到的第一個女人，會十分有安全感，當妳建立起這樣的模式之後，這個男人幾乎手到擒來。不過要注意的是，如果遇到壞男人，就有可能藉酒裝瘋，然後進入另外一種模式，吃虧的就是妳了。

7. 生病

生病是一個人最脆弱的時候。通常男人生病時，最常照顧他的人，或是他最常想到的人，一定是母親，在這個時候展現母愛，就是讓他將母愛的想像轉化成愛情的最佳機會，男人有可能因爲依賴，而將這個對象轉化成愛人。雖然，如果遇到搞不清楚對自己感情的人，也很有可能會被對方純粹當作浮板，但若可以進階到這個地步，至少表示兩人已經十分親近。

8. 失戀

此時無分男女，都是乘虛而入的最有利時機。陪他哭、陪他聊以前女友，這個moment，根本就是第3點「談情」的升級版。因爲這不但會催化你們的曖昧關係，此時又是他最脆弱、最想要依賴人的時候，這個時機，怎能放過。

9. 日常照顧

很多女人不想當老媽子，不想讓男人有大男人心態，但是我這邊指的日常照顧都是小事情，包括像是買個早餐給他、準備好一些他常會犯病痛的藥、替他記住他有可能遺忘的事情。這些生活瑣事或許分開來看都沒有太大威力，但是等到哪天妳告白的時候，這些回憶會凝聚成爲一股莫大的助力，幫助妳一舉擄獲他的心。

10. 觸碰

這件事情對男人而言絕對最有效。但是，這和投懷送抱不同。男人不喜歡女人過於主動或是過於開放，因爲那會讓男人把妳和「隨便」兩個字聯想在一起，但是其實每個男人心中都喜歡女人若有似無的身體上碰觸，包括手指觸摸、輕輕勾肩搭背、講悄悄話、偶爾幫他抓抓肩膀……女人要如何將這個「身體接觸」的動作使得自然又勾魂，就得各憑本事、自己拿捏，當這功夫發揮到爐火純青時，我認爲大部分男人都唾手可得。剩下那些無法得手的男人，多半是對於這種觸碰無感，同時也表示，這些男人平時都有更激烈的「觸碰」，因此錯過這樣的人，一點都不可惜唷！

以上僅供參考。

勸世語 H

不要以為沒按「讚」不代表什麼，其實按了「讚」，的確會讓男生對妳產生好感，甚至會逐漸依賴這個「讚」而上癮喔！

4 注意！這幾種男生千萬不要碰

有很多人搞不清楚「結婚」和「交往」這兩件事情的界線，也因此他們會將交往對象當作結婚對象，或者是將結婚對象當成交往對象。事實上，就算妳把對方當作結婚對象，但他或許壓根就沒有想過「結婚」這檔事，這不是他的錯，因爲談戀愛本來就不應該把「結婚」當作前提，那樣太沉重，也會讓彼此看不清對方的本質。

基於我這個理論，也就產生了何謂好的「結婚對象」和何謂好的「交往對象」之分，「結婚對象」後面會談，先來瞧瞧哪幾種男生不要交往少碰爲妙。

1. 住海邊，管很寬的傢伙

常常看到年輕人談感情，動不動就怕對方生氣，尤其是女生總是害怕男友不高興，開口閉口都是「我男友這樣說，我男友那樣說」，我必須給這樣的女生一記當頭棒喝，談戀愛這件事，或者說這個任務，在人生中所扮演的功能叫做「創造美麗回憶與快樂青春」，而在我的理論中，談戀愛，只要有人讓妳不開心了，而且連戀愛中的妳都覺得不合理，妳就可以打包閃人了！

所以呢，一旦妳交到一個「住海邊」的傢伙，干涉妳的大小事情，建議妳可以直接考慮分手，因爲這樣的對象已違背「談戀愛」的宗旨，到頭來會讓你創造出「醜陋的回憶以及鬱悶的青春」，講白了，就是浪費妳的人生。

2. 對於「魯夫」沒有共鳴的人

漫畫《航海王》中，草帽小子魯夫最熱血的個性就是率領夥伴追逐夢想，這樣的人，在妳邁入三、四十歲的年齡關卡之後，也會逐漸消失，甚至完全不見，因此，年輕時，妳理應享受這樣性格的男友，所帶給妳的那種天馬行空的熱血和理想，這將會豐富妳的青春。但也只有在談戀愛時，我會鼓勵妳和這樣的人交往，運氣好的話，妳眞的碰上正格海賊王，在享受戀愛之餘，還能一起逐夢；就算運氣不好，碰上了只靠一張嘴

「說夢」的B咖，也可以藉機見識到什麼樣的人只會坐而言，不懂起而行。談戀愛的另外一個隱藏功能就是，找出適合自己的人，以及培養看人的眼光。

如果妳連交往對象，都要找那種凡事穩扎穩打，不敢離開舒適圈的人，我會說，妳放棄了賭注青春的機會，等到驀然回首時，只會瞧見和別人差不多的光景，而不是自己曾放膽走出來、和別人不一樣的風貌。

3. 絕對安全的乖乖牌

很多女性讀者在看到這一點時可能會有點傻眼，難不成是要我去找那種會花心傷人的男人嗎？

其實，我鼓勵妳去找看起來花心的傢伙交往，但他絕對不可以對妳做出任何肢體傷害。前面說過，談戀愛是在創造「美好回憶」，因此只要男人有任何肢體暴力傾向，都要立刻離開他。但，我想要鼓勵妳，去接觸那種看起來很受歡迎、風趣健談、讓妳一看就覺得他會劈腿的萬人迷。爲什麼？爲什麼寧可找萬人迷也不要去碰所謂的乖乖牌？因爲，絕對安全的乖乖牌是用來結婚的，談戀愛就是要挑戰自己，而且，妳眼中的花心大少，很有可能在和妳交往之後，就成了眞正的乖乖牌。沒有必要因爲害怕受傷害，就打安全牌降低談戀愛的標準。老話一句，青春，就是讓自己遍體鱗傷的，這樣的回憶才燦爛，這樣的覺悟才深刻。

我的理論，或許和一般人不盡相同，但人生只有一次，我鼓勵妳在人身安全的前提下勇敢去愛，放手去追，勇於嘗試。

H 勸世語

談戀愛，只要有人讓妳不開心了，而且連戀愛中的妳都覺得不合理，妳就可以打包閃人了！

5 第一次約會不能說也不要做的事

第一次約會時，難免會對對方存有許多幻想與問號，若真正稱得上是「第一次約會」，就表示妳對這個人已經有了基本的好感，也因此，妳會很想快速了解這個人是好是壞，是否適合妳，只不過，就像一句台語所言「吃快摔破碗」，如果因爲急著想要了解對方，而表現出不是妳平常的自己，對於第一次接觸妳的他，也只會留下不夠好的印象而已。

爲了留下好的第一印象，第一次約會，什麼話不要說？

1. 薪水與資產

有些女孩傻傻的，把第一次約會的對象當作多年老友一樣聊天。劈頭就問對方，一個月的薪水多少、家裡有什麼不動產等等。要知道，妳觀察對方的同時，對方也在觀察妳，對一個有能力的男人來說，他會希望和一個識大體的女生交往，而且不是著眼於他的財產，因此，第一次約會就急著詢問對方薪水的女性，通常是會被男方打槍的。

2. 家裡的問題

有些女生在第一次約會時，因爲急著想要找到依靠，便急欲告訴對方，自己欠缺什麼、家裡有什麼問題（或許包括自己有一個弱智的弟弟，或是久病的雙親等等）。我並不是認爲女性在交往的時候，誠實地讓對方知道自己的狀態有什麼不好，只不過，如果是第一次約會就全盤托出，只會讓對方感覺，妳是在找一個溺水時的救生圈罷了，我相信，不管任何人，都不會喜歡這種感覺。

或許有些專家認爲，第一次約會，盡量避免談到雙方之前的戀愛史，但是以我的理論而言則不然。對於兩個還沒有進入關係的人，越快提到過去的感情，越沒有殺傷力，反而能夠因此越快走進對方的心裡，也不容易造成彼此的陰影。

那麼，第一次約會，又有哪些不要做的事情呢？

1. 不要過於猴急和主動

坦白講，我想說的是，不要在第一次約會就上床。但事實上，我也見過許多情侶第一次約會就發生親密關係，之後兩個人的感情，卻沒有因爲這樣而特別早夭。然而，台灣畢竟相對保守，依舊有不少男性抱持「第一次約會就上床的女生有點隨便」的想法，也因此，爲了不讓妳的戀情在一開始就結束，我們可以不用那麼冒險，畢竟只是忍過第一次約會而已，應該不會太難吧！

2. 不要做只有自己想做的事情

有男生和我說，他曾經碰過一種女生，第一次約會時，男方客氣地問她：「妳有想要做什麼事情嗎？」女方說她想逛街，男方以爲只是走走逛逛，沒想到他們就從下午一點左右一路陪女生逛到晚上九點。女生雙手掛滿戰利品，男生還得幫忙提。

就算妳是個公主病患者，第一次約會，也得吃了藥再出門，畢竟男人可以容忍自己的女友是公主，但是在「就位」之前，妳對他而言只是一般人，千萬不要讓自己喜歡的男性，在第一次約會之後就打退堂鼓。

切記。

勸世語 H

對於兩個還沒有進入關係的人而言，越快提到過去的感情，越沒有殺傷力，反而能夠越快走進對方的心裡。

6 搞定男人身邊的這些角色，讓戀情大放異彩

常常有很多女生在與男友交往時，不知道該如何應付男人身邊的人，總以爲只要討好自己的男人，就能修成正果。其實，兩人交往，最好連他身邊這些人一起搞定，才可以得到更多的資訊和支援。

1. 巴結老媽

大部分女生會認爲，又不是要結婚了，幹嘛要先討好他媽媽。但是事實上，家人對任何人的影響都很大，而對於一個男孩子來講，母親的存在又特別重要。母親一句話，足以影響男友決定是否與妳繼續交往，就算母親說的話在第一時間沒有發生作用，但是

只要妳和他有什麼小爭執，男孩心中的那句「聽媽媽的話」，就會時不時從腦海冒出來作祟。

那句話，將左右這段戀情的生殺大權。

2. 與死黨搏感情

很多女生會犯一個錯誤，就是把自己和男友的死黨放在天秤兩端比較，並且逼問對方你和他們誰比較重要。女孩們若不了解男人之間「兄弟如手足，女人如衣服」的特殊情感，很容易會讓自己成爲砲灰。當然，死黨對於男人的影響力，會隨年齡遞減。或許一個成熟的男人，比較不會理會他身邊好友的意見，但是年紀越輕，尤其是學生時期，同儕團體的影響力就相對更強大。

結論就是，不要冒險說出討厭男友身邊死黨的壞話，而要試著了解，男友和這個死黨的感情是建立在什麼基礎上，借力使力，保證妳一旦獲得死黨的認可，妳的男人將會更愛妳。

3. 認識各個階段的朋友

這雖然有難度，但還是有其必要性。那就是男友的小學同學、國中同學、高中同學，甚至是出社會之後，在每家公司任職交的朋友。妳最好在他每個時期的朋友中都認識一個人，這樣對於幫助妳更認識或了解他，會更眞實也更有效率。

畢竟，和一個人交往的風險是很高的。兩個人之間的關係，常常是從兩個完全陌生的人，然後在短時間內，成爲最親密的愛人，激情將會掩蓋妳很多理智的判斷及分析，更別說要妳從他完全陌生的過往去了解這個人了。當妳認識他每個時期的朋友之後，一旦發現這個男人有何異樣舉動，也比較好從他過去曾發生過的事件去判斷是否還要與他繼續下去。

4. 把乾妹妹當好朋友

這裡指的也是紅粉知己。這年頭，每個男生或多或少都有個什麼紅粉知己，有的被稱爲乾妹妹，有的被稱爲「情同兄弟」的「姊妹」或「兄弟」，不管是哪一種，妳都要和她們親近並且就近觀察。

如果發現，這位紅粉知己不管是外表、個性、氣質或者是談吐等等，和妳都有幾分神似，那妳最好提高警覺，妳的男人很有可能對她有好感，只是可能沒有緣分、時機未到或是對方沒興趣，所以才會轉移到妳身上。

不管這個紅顏知己對你們的感情有沒有威脅，試著和她成爲好朋友，對妳來說都是有利無弊。

勸世語 H

就算母親說的話在第一時間沒有發生作用，但是只要妳和他有什麼小爭執，男孩心中的那句「聽媽媽的話」，就會時不時從腦海冒出來作祟。

7 我們的愛情，現在走到哪個階段？

很多人將愛情用交往時效來區分階段，但我認為，時間長短並不能包含各種情況，要用事件來區隔。

1. 交往初期

這是指剛告白或是剛確定關係的時期。一般情侶在這段時間內，眼裡看不到對方的缺點，不管對方做出什麼鬼姿態，妳都會覺得好可愛。心裡響起的也永遠是「如果失去他怎麼辦」「我真怕不能天長地久」這種鬼旁白。

另外就是在臉書上不自主地放閃，兩人總是出雙入對參加聚會，深怕別人不知道，妳已經擁有他，他已經征服妳。

2. 性關係初期

「發生性關係後」的這個時期，就會出現比較分歧的狀態。如果妳的他，並不是一個眞正實在的人，而是關心「床笫關係」重於「日常生活」，或是將「床笫關係」當作一場戰役獲勝與否的雄性步兵，你們的感情，就會在這個時期出現變化。他可能會開始思考如何結束這段感情，只因爲他認爲你們在床上的默契不夠。相反的，比較多情侶會出現的情況是，放閃更嚴重，兩個人愛到死去活來，你儂我儂，然後就會因爲芝麻小事而歇斯底里，通常上演瓊瑤戲碼都是在這個時期。

3. 生活習慣磨合期

當你們兩人的性關係進入一種「例行公事」的平原期時，之前所有的濃情蜜意將會逐漸恢復平靜，取而代之的則是生活習慣上的磨合，包括他原本讓妳愛得死去活來那超獨特的個性，在這個時候看起來會忽然變得不是很順眼。原本看來瀟脫又帥氣的生活習慣，現在在妳眼裡也顯得不實際又幼稚。

這段時期是最容易分手的階段，因爲對男生來說，和這個女生之間的性關係已經不夠新鮮，對女生來說，男生的實際條件也變得更加清晰而重要。

4. 同居期

這段時間基本上就是上一個階段的放大版。一旦住在一起之後，所有個人的生活習慣或是個性問題都會被無限放大。

女人的妝髮再也不能掩飾素顏的瑕疵，胸前的水餃再也變不出魔術般的罩杯。男人的手機一天中到底和多少女人哈啦將無所遁形，甚至再也不能假裝一天到晚都在開會。

這個時期的時間長短是一個很重要的環節。我建議同居不要超過兩年，因爲同居將會抹煞兩個人對彼此進入下個階段的期待，時間一久，恐怕無法順利地進入下一個階段。

5. Do or Die 時期

「要不就結婚，要不就分手」，是這個時期最重要的抉擇。當你們對彼此的新鮮感已經逐漸平淡，同居生活超過一年半，充分了解對方的優缺點之後，做出這個決定則是刻不容緩的事情，否則時間拖得越久，修成正果的機會越渺茫。

勸世語 H

我建議同居不要超過兩年，因為同居將會抹煞兩個人對彼此進入下個階段的期待，時間一久，恐怕無法順利地進入下一個階段。

8 摧毀親密關係的關鍵字

我發現，身邊相信愛情的男女越來越少了，少到一種只要有人說「我相信愛情」，就會被旁人白眼的程度。不但未婚男女不相信愛情，已婚人士也不相信，失婚者更是嗤之以鼻。雖然大家都知道愛情來時多麼美妙，也很清楚，愛情的溫度不會永遠熾熱，但是，你可曾想過，讓愛情退燒甚至毀滅的原因嗎？

我的答案，簡單說，就只有三個字：「自己人。」

錯把愛人當「自己人」

很多人以爲，談戀愛就是把彼此的距離拉近，不論是身體或心靈上的距離，然而大家都沒有發現，當兩人的距離，近到已過了某條界線之後，相愛中的男女，對於愛情的評分，就不會是每個人都高舉「十分」的牌子了。

很多男人把談戀愛當作一種「拉近身體距離」的競賽。一旦男女之間的身體緊密結合過後，戀愛的目的就已經達成，愛情也隨之降溫，於是，兩人的關係就越來越冰冷。

事實上，不可否認，女人亦然。

很多女人在同居之後開始「變身」。同居後的女人，不再隨時打扮。對女人而言，找到一個好男人，理應要接受她的素顏、阿嬤內衣褲和邋遢睡衣，接受她在家戴著深度近視眼鏡，動不動吃零嘴躺在沙發上看電視的模樣。

於是男人發現，女人開始不會爲了他而打扮，反倒是爲了姊妹淘聚會而化妝。女人也開始不會崇拜或是尊敬自己，反倒會在男人面前誇獎起別的男人。女人會說，這是因爲我們都是「自己人」了，不需要客套，如果男女交往還需要客套，那實在太虛假了。

男人亦然，心想，「反正都睡過了，她已是我的女人，就算分了也不吃虧！」

當戀人變成自己人，親情就會取代激情

看來大家都很「義氣」，在睡過或同居之後，就自動把彼此當成「自己人」了。

妳和這個「自己人」的關係，已經親近到一回到家會拉著他說公司裡的大小事情，包括誰誰誰喜歡哪個男同事？哪個男同事有多受歡迎？但妳總是隱藏一些小細節，諸如：其實妳對那個男同事也有點好感，或者，那位男同事曾經偷偷約過妳之類。

既然是「自己人」，脾氣也就無需隱藏，喜怒完全寫在臉上。妳不再像談戀愛時小心謹慎、步步爲營，只要有一點不順心，就會大爆發。

當然，男人也是如此。然而，男人所謂的「自己人」，就是把妳當作他另外一個媽。他可以跟你大肆抱怨今天上班有多難熬、老闆有多機車，但是和妳接吻時，卻在心裡想著那個穿窄裙和絲襪的女同事。

表面上，大家都沒有出軌，也沒犯錯，只不過，「自己人」這層關係，已經把你們兩人徹底地從愛情中逐出。畢竟你們已經成爲「家人」，很難再有親密、激情或悸動。

勸世語 H

通常男人所謂的「自己人」，就是把妳當作他另外一個媽。

9 吵架時讓男生火上加油、情緒爆炸的五種白目行為

兩性交往時，總會遇到不如意的事情。吵架時，究竟哪些行爲會讓男人難以接受，而妳在無意中又做過哪幾種？

1. 死不認錯

雖然引起戰火的原因不勝枚舉，但我們可以將吵架分成兩大方向，一種是兩人意見不合，像是一個喜歡吃飯，一個喜歡吃麵，於是兩人開始爲了吃什麼而吵架，這向來沒有對錯可言。

但另外一種，則是一方做錯事情，卻死不認錯。諸如女生遲到兩小時，到了現場之

後卻裝沒事開始聊其他事情，絕口不提「你等了多久？」「不好意思」「對不起，我遲到了……」等，這種情況大多發生在女生身上，或許是臉皮比較薄吧，然而，這樣刻意迴避或是不認錯，很容易讓男生更加生氣。

2. 假裝認錯

上面提到有些女生做錯事之後，總會絕口不提，反而惹人生氣，但是另外一種更惹人生氣的行爲，則是假裝認錯，或是隨便敷衍，有口無心。以遲到這件事來說，如果你忍不住戳破她不開口認錯之事，她可能會這樣回你：「對呀，我遲到了，那又怎樣，對不起可以了吧……」或者是「對，我是遲到了，可是你昨天說要打電話給我，也讓我等了二十分鐘呀，有什麼不同嗎？」明明就在討論當下的事，她卻總是把之前已經談過或「結案」的事再拿出來講，這種行爲只會讓男人更容易情緒爆炸，讓爭吵歹戲拖棚而已。

3. 沉默不回應

接下來這一招就厲害了，不管是在哪種情況下，絕對可以成功地激怒男人無一倖免，而這一招，也是許多冷靜的女人最會使用的招數。

那就是，不說話。

大部分男人比較直接，吵架其實要的就只是一個眞相、一個對錯而已，但如果在情緒激昂的頂點，忽然有一方沉默不語，不管男生問什麼、說什麼，她都不講話也不回應，甚至索性就開始滑起手機，這種舉動肯定會讓男生抓狂，更火爆一點的，甚至引發「殺機」都有可能！

4. 掉頭就走

吵架時，憤而離開現場也是一種令對方抓狂的行爲。就像第三點的沉默以對，雖然對方不講話，但她至少還在現場，不管男人怎麼發火，都還是知道有個人在你面前接收你的情緒，然而一旦女人使出「立馬離開現場」這招，這時就換成男人可能會有「生命危險」，因爲，此時男生在當下感覺無計可施，就如同武學的高等境界，發力容易，要將打出去的招數硬生生收回，卻可能傷到自己。因此當女生轉頭就走之後，男人可能開車亂衝或是發酒瘋，只因爲頓時失去了一個可以發洩情緒的對象。

話雖如此，如果女生是理智的離開現場，我認爲還算聰明，如果女生也是在「腦充血」的狀態下憤而離開，有可能是從男生家甩門出去，不顧家中有沒有長輩，或者是在馬路上，不管紅綠燈號誌，立刻衝向對面馬路，最要不得的就是在急駛的車上，還可以打開車門威脅停車、跳車逃逸（這應該是「武行」的行爲吧?!）。

5. 自殘或激怒

吵架時，這個行爲最可怕，也是男人最不想見到的。很多女生被愛講道理或得理不饒人的男生逼到一個境界之後，可能會開始捏自己大腿，或用指甲在自己身上刮出一道道血痕，或者開始摔東西，總之，身邊有什麼東西可以用來表達或宣洩情緒的，就會拿來運用（有點像成龍大哥的電影……），最厲害的是，女人可能會隨便拉一個剛好在旁邊的男人攀談、喝酒、勾肩搭背、上下其手，甚至接吻，刺激男生。千萬不要認爲這是電影情節，很多情殺案件，其實就是這樣發生的。

因此，在這裡奉勸大家，不管妳自己在吵架時是哪一種反應，或者你的女友會出現什麼行爲，希望大家都可以盡量用和緩的方式表達情緒，否則，在宣洩情緒的同時，也扼殺了你們的感情。

勸世語 H

雖說吵架最大的好處，就是可以享受和好後的喜悅，但是一旦吵架吵過頭，恐怕沒有後續的喜悅，接踵而來的可能是分手的痛苦。

10 女生最愛問，男人最無言的問題

雖然女人總是期待男人甜言蜜語，但事實上，男人在面對女人的時候，也是有很多「男」言之隱。至於，什麼樣的問題，會讓男人如此無言？

1. 美感問題：「哪個好看？」

很多女生抱怨男人不愛陪自己逛街，因此，自然會把願意陪女伴逛街的男人，視爲「對另一半很好」的男人，然而，也有很多女生抱怨，她的另一半就算陪她逛街，也是心不在焉、魂不守舍，每次問他問題，他都答不出來。

什麼問題呢？諸如：「這件花的和這件紅的上衣，哪個好看？」「你覺得這雙鞋好看，還是那雙？」「你會不會覺得我和他們家的衣服很搭？」

這些問題對男人而言，根本就和艱深的天文地理問題沒兩樣。饒了他吧！除了少數從事相關行業，或者是「非直男」的男生可以回答妳這些問題之外，對於那些已經願意陪女生逛街的男人，就放過他吧！

2. 比較問題：「你比較愛誰？」

很多女生因爲缺乏安全感，希望自己在另一半心目中永遠都占有最重要的地位，因此常常會問些「不合邏輯」的怪問題。最常出現的大概就是「如果你媽和我同時落水，你會先救誰？」或是「前女友和我，你比較愛誰？」之類。或者是「如果林志玲和我同時愛上你，你會選誰？」或許有很多女生會認爲：「這些問題不見得不合邏輯呀，同時掉到水裡，也不是不可能發生啊！」是的，我當然知道，這世界上什麼事情都有可能發生（妳和他媽媽同時掉下水，或許比林志玲愛上妳男人的機率高很多），但就算眞的發生了，任何人都會去幫助最需要被拯救，或者是就近可以救到的人吧，女孩們，千萬別因爲自己的不安造成男人的困擾。

3. 謊言問題：「你會愛我一輩子嗎？」

關於這一點，我想告訴妳的是，「不要讓『毒品』害了妳一生。」

女人很喜歡問男人一些迫使男人不得不說謊話的問題。例如：「你愛不愛我？」「你會愛我一輩子嗎？」「我是你最後一個女人對吧？」等等。我並不是說，男人在回答這些問題時都在說謊。我要說的是，男人根本無法保證或是知道未來會如何，因此女生們要求男人給的承諾，只是一種自己想要聽到的迷幻藥。假若妳每天吸食迷幻藥，等到哪天缺貨了，反而會把假象當眞！當妳聽不到這些「愛情天長地久」「愛你一萬年」等謊言時，或者是面臨分手的窘境時，這些妳堅信不移的話，在此時反而會讓你更加難受。

H 勸世語

相信我，看男人不需要聽他講什麼，而是要看他做什麼！

11 男人沒有說，但希望女人做的事

東方社會裡，男性一直被塑造成某種「堅強男子漢」的形象。殊不知，在男人心裡，雖然知道「男子漢」該怎麼樣或不該怎麼樣，但有些時候卻也有他纖細的一面，希望身邊的另一半，可以適時地做到男人說不出口卻希望妳會做的事。

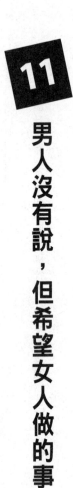

1. 主動付零頭小錢

男子漢第一要件，大方。出門在外，不管你們是情侶還是朋友，是夫妻還是怨偶，男子漢一定得在飯後率先掏出荷包，遞出鈔票或是卡片，搶在第一時間付帳，原因無他，男子漢就是要負擔所有人的生計。

此時，女人可以做一件小事，就是站在一旁聆聽帳單數字，替男子漢檢查帳單金額

（因爲男子漢做這些事情就顯得小氣），甚至是快速掏出帳單上的尾數或零錢，讓男子漢可以不用站在櫃台前摸遍全身上下找銅板，因爲那會讓男人顯得很囧。當女生這個小動作一出手，男子漢便會對妳更加有好感。

2. 記車位並收下停車券

和男子漢開車出門，當他把車停在陌生停車場時，男子漢通常會身手俐落帥氣地停好車後，迅速帶妳離開。但其實，他可能根本不記得或不好意思刻意去多看一眼他的車停在哪一格、哪一層樓，或是不知道要去哪裡繳費，甚至會把停車券或繳費單給搞丟。

但女人在這時候做一些看似雞婆的動作，卻可以令人感到貼心。比如用手機拍下樓層與停車格位置、號碼。或者下車前主動將停車券收起來，等回來取車時，可以很快地找到車位甚至主動繳了停車費，以省掉不少可能發生的尷尬。

3. 放下身段滿足對方欲望

這一點發生在男女朋友或者是夫妻之間比較多。有一種男子漢對於要對方配合自己的性愛喜好感到彆扭，也不會要求對方在床上說出一些誘人的話，或是對自己做出魅惑的姿態與行爲，如果女生可以在性愛時改變自己拘謹的個性，使出渾身解數挑逗男子漢，絕對可以讓男人對妳另眼相看。

最貼心的行爲，就是當女生不方便的時候，例如月事或是懷孕期間，還可以想到男子漢無處宣洩的生理反應，進而主動「關愛」或是「協助」他排解欲望，我相信，這對於那些「欲火焚身」卻不懂開口的男人來說，絕對是一大福音。

當然，女生在月事和懷孕期間已經很辛苦了，還要去顧慮到男人感受，實屬不易。但我相信，這種貼心的心態或行爲，如果可以從「你來我往」變成「爭先恐後」，到最後兩人的感情也就能「不分彼此」吧！

H 勸世語

如果女生可以在性愛時改變自己拘謹的個性，使出渾身解數挑逗男子漢，絕對可以讓男人對妳另眼相看。

12 五種行為，提升另一半對妳的好感度

常常有人在聊男人該怎麼樣對女人好，似乎比較少文章提到，女人要如何對男人好，又或者應該說，女人做哪些事情，會讓另一半對自己的好感度提升呢？站在男人的立場，我就提供幾個線索給姊妹們參考。

1. 隨時隨地按摩

男人並不像女人一樣，喜歡天天聽甜言蜜語，男人需要的是直接的肌膚之親。因此我建議，身爲女朋友或是另一半的妳，最好可以隨時抓起他的手掌按摩幾下，或者在看電視的時候，按按他的肩膀頭頸，我敢保證，他對妳的好感度絕對加分！

2. 出奇不意的奉承

如上所述，雖然男人不見得喜歡女人對他說情話，但男人喜歡聽到女人的「奉承」。這種「奉承」的話術絕對不是在老公或是男友面前講，而是要在另一半不在場的時候，在他的親朋好友面前講。男人就是愛面子，但如果妳刻意在他面前說好聽話，敏感的男性反而會產生反感，當他不在場的時候，妳奉承他的好話，就會很自然地口耳相傳，進而傳到他耳中，那種聽到另外一半在別人面前誇獎自己的「虛榮」，就是男人需要的奉承。

3. 投其所好的美食

大部分男人不像女人，喜歡那種收到禮物時的驚喜，反而是得到一份意外的美食，更能滿足男人的胃，進而掌握他的心。

這裡指的美食，並不是什麼山珍海味，而是投其所好。比如說，一向禁止他喝酒的妳，忽然準備了他最愛的啤酒，以及幾盤他習慣配的下酒小菜，最好妳也能拿個杯子，和他一同享受，這絕對會讓男人身體與心理都得到滿滿的慰藉。

4. 預期之外的自由

男人有一種很可怕的天性，叫做「彈性疲乏」，當兩個人在一起的新鮮感隨著時間一久或是他已習慣有妳陪在身邊之後，漸漸會失去某種「妳很重要」的感覺，也因此，他會開始不在意妳是否在他身邊。爲了隨時隨地喚醒他的「危機意識」，盡量在他還需要妳或是依賴妳的時候，找出可以不在他身邊的理由，這樣一來，就能常常提醒他：「妳的存在對他來說很重要」。當然，這種招數有一定的風險，因爲一旦時機沒掌握好，妳很有可能反而給了他「偷吃」的空檔。

5. 主動積極的求歡

兩人相處最容易流於一成不變，卻又影響男人最深的就是「性愛」。多數人會把一成不變的責任歸咎到男人身上，畢竟很多男人在做愛的流程上，總是容易淪爲SOP，其實，從誰開始主動求愛這一點來看，就已經流於例行公式了。

東方女性很少會主動求愛，甚者，當男人不開口也沒有行動的時候，女性同胞就只能痴痴地等到地老天荒。因此，若妳偶爾嘗試主動求愛，並且積極出擊的時候，會讓男生更加驚喜且特別興奮與賣力，但要記住，使用這一招的頻率，千萬不要太過頻繁，畢竟次數多了，驚喜度降低，也有可能改變另一半對妳的觀感。

H勸世語

若妳偶爾嘗試主動求愛，並且積極出擊的時候，會讓男生更加驚喜且特別興奮與賣力。

13 別被韓劇洗腦！女人的「高富帥」迷思

當一個女人要選擇是否和一個男人結婚或交往時，通常會從三個面向，且依照這個順序來考量：外貌、條件和個性。

外貌很快就會消失或視而不見。尤其妳如果嫁給一枚個性不好的傢伙。

所謂的「高富帥」，也很可能因爲不檢點的生活習慣，配合不通暢的新陳代謝，而迅速走鐘變成「胖富醜」。好的「條件」，或許包括了好的職業、收入和可觀的積蓄等，而這些事情，也可能深受「個性」影響，而迅速地消耗殆盡，尤其是如果那些財富原本就不是他自己掙來的。

就算他「條件」很好，「外貌」端正，但對妳不好，或者不願意和妳分享他的財富或資源，或者，妳可以享受他帶來的這些優渥「條件」，但是卻得概括承受他的「附帶條件」，例如，他在外面有許多女人，而且不會天天回家，那麼，即使他「條件」再好，也不值得妳接受。

因此，我建議未婚女性考慮對象的順序，應該是個性、條件，再來才是外貌。

若男人個性好，就算認識之初，他的條件或外貌不優，假以時日，還是會成爲成功之人；若個性不好，就算條件或外貌出衆，很快地，原本優渥的條件和外貌也會因此被拖累，甚至讓他就此一蹶不振。

勸世語H

我建議尚未結婚的女生考慮對象的順序，應該是個性、條件和外貌。

14 請三思！這幾種男人千萬別嫁

「男友劈腿了，我該怎麼辦？我該怎麼挽回？我該分手嗎？爲什麼他會劈腿？」這類問題大約占了粉絲頁上情愛問題的百分之九十。

我不希望自己是一個男性的背叛者，不停地告訴大家，男生有多壞，可是事實上，女生卻很容易在遇到不對的人之後，才來問問題。要知道，很多時候問題本身並不是問題，你一開始選擇的那個「人」，其實才是最大的問題。

這篇文章，我想以結婚爲前提的角度來聊聊，哪幾種男人永遠不會把妳排在第一位，最好不要嫁，畢竟結婚和談戀愛不同，有時候不是不開心就不要在一起這簡單而已。

1. 孝順，完全不忤逆父母

以傳統觀念來說，孝順父母絕對是選擇對象的一大考量，只不過在婚前常看不出這個對象到底是媽寶還是眞正的孝順。因爲，結婚前妳到對方家裡，男生父母只是把妳當兒子的女朋友，態度通常很親切，所以妳並無法判斷，一旦成爲對方的媳婦之後，公婆會用什麼態度對妳。

如果結婚後不幸遇到刁難妳的長輩，而妳的另一半又「超級孝順」，根本不會爲妳講話，妳的下半輩子就只能在考慮要不要離婚，或是何時離婚之類的掙扎中度過了。

2. 事業為重，企圖心旺盛到從鼻孔溢出來

沒人會希望老公完全沒有上進心、工作懶散。但相反的，也千萬不要以爲一個凡事以事業爲重、上進心旺盛過人的人，一定會是個好老公。

因爲這表示，妳在他心中永遠都不會是排第一位。一旦公司有問題，一旦他不小心失敗了，他也不會珍惜妳，因爲他滿腦子想的，永遠只是要如何東山再起而已。

這一點在婚前一樣不好判斷。畢竟兩人在交往時，保持一點距離是合理且正常的，

也就是說，當妳們約會時，他忽然接到電話，說是公司有事，要立刻去處理一下，妳也不會認爲這樣的男人不好，甚至還會莫名覺得他好負責。但是，如果結婚之後，他幾乎天天都來這一套，妳就後悔莫及了。

3. 超級體貼，心思細膩如妳的同志好友

很多女生和我說，她的男友很體貼、很貼心，因此非常喜歡他。其實，這種案例我實在聽多了，每當我聽到女生這麼說，腦海中就會立刻浮現這個男人也對其他女生百般體貼的畫面。

我曾經寫過一篇短篇小說《開關》，闡述男人應該在婚後「關閉」自己的開關，雖然中華民國憲法沒有規定這一條，就算觸犯也不構成「犯罪」，但妳的男人若在婚後還是沒有對別的女生「關閉」這個開關，妳說這樣的男人很好，打死我都不信。

這類男人是外遇及劈腿率最高的族群。所以呢，妳是要一個超級體貼但卻容易出軌的男人，還是要一個一般體貼，堅守「男女授受不親」的男人呢？

4. 義氣擺中間，為兄弟兩肋插刀

女人喜歡很man的男人，但有種很man的男人，當「兄弟一出事」，他就會火速披上戰袍，不見蹤影。或許在交往的時候，妳會因爲他這一點而著迷，因爲他總是很忙、對朋友很好，甚至當有人問妳，妳喜歡這個男人哪一點時，妳還會很嬌羞的回答說：「我就是喜歡，他對朋友超好……」殊不知，這一點攤開來講，其實就是：妳在他心中永遠不是排在第一位。

5. 一絲不苟，將人生計畫寫在手掌心

最後這種人，在電影《致青春》裡出現過，就是趙又廷飾演的角色，又或者伍迪艾倫的電影《愛情決勝點》（*match point*）中的男主角也是如此。這個角色很妙，如果妳剛好在他的人生計畫中，妳就是他人生中最重要的女主角，至於其他事情，他都會做得恰到好處，絕對不會脫軌。

但是，一旦他手掌心裡的人生計畫因爲流手汗而開始糊掉，妳在他心中的地位就可能急遽驟降，甚至被臨時換角，將妳永遠逐出他的計畫。

勸世語 H

千萬不要以為一個凡事以事業為重、上進心旺盛過人的人，一定會是個好老公。因為這表示，妳在他心中永遠都不會是排第一位。

15 如何從交往停滯期，跨越到以結婚為前提？

常有人會問我，爲什麼他不和我結婚？或者是，他爲什麼不提結婚這件事情？到底該怎麼做，才能讓你們之間的關係，從公式化的交往，進階到以結婚爲前提？

首先，必須了解，結婚需要衝動。女性一旦與男伴交往一段時間後，比較容易有想婚的念頭。但問題是，男人不一定這麼想，即使有了這個念頭，也有可能一閃即逝。女人通常渴望結婚，還會企求對方主動求婚、安排一場浪漫的婚禮，但如果想從普通交往跨越到考慮結婚，還是要從男人下手才眞正有效。

1. 利用別人給暗示

這一招我相信很多人都用過，但精髓或許妳還不是很清楚。舉例來說，當一個女生想要對方向自己求婚時，她會刻意帶男方去一些場合，比如說去看姊妹淘的小孩，或者去參加朋友的婚禮，在這樣的場合中，一定會有人雞婆的問你們：「你們什麼時候呀？」之類的問題。一般女生都只知道做到這裡而已，但最重要的一點是，妳不可以隨著旁人起舞。一旦有人鼓吹你們要快點結婚時，妳反而要保持還希望自己單身的想法。男人的衝動需要他自發性地從體內湧出，當他發現妳竟然沒有打算和他結婚時，他反而會開始思考，是不是兩人之間出了什麼問題，一旦他開始思考「兩個人是否適合結婚」的同時，求婚的種子就已經在他的心裡種下了。

這時，妳只需要期待它開花就行了！

2. 若有似無的家庭感

結婚前嘗試同居，對於了解對方十分有用，然而，同居時間太久，反而會讓對方失去求婚的衝動。

如果妳眞正想要對方向妳求婚，就要懂得拒絕。比如一個禮拜只能去他家兩天，但是，妳住在他家的那兩天，會把男方照顧得無微不至。無論在廚房或床上等各方面都打點得完美無缺，當男方開始期待妳到他家住時，結婚這個念頭才有可能在他心裡滋長。

3. 用懷孕當籌碼別用來威脅

現代有太多男女是因爲有了小孩之後才考慮結婚的，當然，妳也可以把這個當作一個籌碼，只不過，即使眞的懷孕了，也千萬不要用小孩去威脅對方結婚，妳應該比對方更理智地分析，兩人目前的狀況是否適合生小孩，並且退一步幫男性著想，若對方沒有準備好，或許妳可以自己獨立生養小孩，不用男生負責。通常這樣以退爲進的說辭，會讓男人感到羞愧，進而開始考慮，自己是否可以承擔婚姻的責任，甚至成爲一個父親。

當然，如果運氣不好碰到畜生拔腿就逃，妳也可以藉此釐清關係。就算眞的嫁給一個不敢承擔責任的男人，到最後還是不會有好下場的。

勸世語 H

結婚前嘗試同居，對於了解對方十分有用，然而，同居時間太久，反而會讓對方失去求婚的衝動。

16 手機是單身時的好朋友，但不要讓它變成交往時的第三者

要和大家分享一則關於手機的故事。

有一個女生，幾年前被男友拋棄了，傷心的她每天都找人訴苦、喝酒。甚至一度爲了這段逝去的感情興起自殺的念頭。好在她一直沒有勇氣訴諸行動。身邊的朋友都想幫助她，卻不知從何幫起。這時候，一位男性好友買了一支智慧型手機送給她，雖然女生原本就有手機，但通訊不夠好、畫面不夠大，又容易當機（別問我是哪個牌子）。在換了新手機之後，女生開始充分利用手機填滿分手後的失落與空虛。

當然，她也開始用新手機，和那個送手機的男生互通訊息，從原本每天聊一次，到早晚各聊一次，最後，兩人幾乎只要有空檔就會聊天。不知不覺中，女生發現自己喜歡

上對方了，用手機向他告白後才知道，原來男生早就喜歡她，才會如此大方送手機當作禮物。

彼此確認過心意之後，兩人開始交往，並且開始同居。

第一個月，兩人充分享受了同居樂趣。每天甜蜜地就像童話故事中的男女主角，一刻都捨不得對方離開。大約從第二個月開始，男生逐漸發現，當他回家的時候，女生總躲在房間滑手機，甚至連招呼都不打。當男生在客廳開著電視，想和女生一起看節目時，女生依舊躲在房裡滑手機，半天不見人影。

一開始，男生也不覺得有什麼異狀。直到某天半夜，兩人躺在床上，女生依舊背著男生滑手機，滑到男生睡著，不知道睡了多久，男生被光線照醒，才發現已經凌晨四點多，身邊的女友竟然還沒睡覺，甚至正用手機和別的男人聊天。

男生非常憤怒，一口咬定女生劈腿，甚至認爲女生一定和對方有什麼親密接觸，否則不可能做出這麼不合情理的事情。

兩人互相攤牌之後，男生看了女生的通話紀錄，確定女生在手機裡聊天的內容，都是些生活瑣事，並沒有什麼曖昧對話。然而男生卻堅持，沒有曖昧對話只是因爲他提早發現罷了，若照這樣發展下去，遲早會走到外遇或是劈腿的關係。畢竟，當初他和這個女生，也是從用手機聊天開始的。

男生要女生保證今後不會再有這種行爲，女生口頭承諾了，但是在不到一個禮拜的時間又故態復萌。或許女生不是和別的男生聊天，但是用手機聊天的習慣已經無法改變。當男生吆喝著要女生看看眼前的自己，不要再整天盯著手機螢幕時，女生這麼回答：

「手機是你買給我的，是你讓我養成這種習慣的……」

一個堅持不會再和別的男生聊天，卻依舊成天滑手機的女生，和一個無法相信對方只是在瀏覽網路內容的男生，最終，還是分手了……

勸世語 H

所以我說了，手機雖然是單身時的好朋友，但千萬不要讓它變成交往時的第三者。

17 絕對不要相信兩性文章裡的這些事情

一眨眼，我寫兩性文章已經從新手變成前輩了，關於自己寫過的文章立論，雖然不見得百分之百經得起挑戰，但我認爲，只要能解釋大多數人的愛情現狀，就是一個好的愛情理論。看著市面上越來越多的兩性書籍，我也常常在思考，究竟應該給姊妹淘們什麼建議，才眞正有所「幫助」。

這裡，就來反向思考，是否每一篇文章都値得相信？又或者，其實有些東西並不實際？

以下，是我個人的淺見，如果妳在其他兩性文章裡面發現類似的說辭，請別盡信，因爲那和眞實情況有所違背。

1. 正面表列男人行為

最近特別流行像是「如何引起男人注意」，或是「這樣做，男人就會愛上你」之類的文章，而且點閱率也相當高。把各種現象或是技巧表列給讀者閱覽，當然是一目瞭然。對於男人的負面表列，比如說「這樣的男人不要跟」，或者是「男人劈腿的幾大徵兆」之類的文章，通常沒有什麼太大的問題，但是，如果是正面表列男人，就請千萬不要相信。

比如說像是「好男人的十大象徵」「會給妳幸福的男人」之類的屁話。我只能說，再怎麼優秀的男人，都會有邪惡的一面，再怎麼正直的老公，都會有信心動搖的瞬間，也因此，當妳在閱讀某篇關於男人正面表列的文章時，請一笑置之，因爲不管是什麼樣的男人，都無法保證妳的幸福，妳一定要給自己留個底線，千萬不要相信這個男人就是妳的一切，就是全世界。然後把所有信任都交了出去，把人生的所有賭注都押在他身上。

2. 愛情最偉大，麵包不重要

許多兩性專家談到感情時，會語重心長地告訴妳，「麵包不重要」。他們的立論是，就算對方手上有麵包，但他若不願意給妳，妳還是雙手空空。我年輕的時候也這麼認爲，但現在卻不以爲然。

因爲，現實生活中，大多數人較常遇到的情況是，就算對方願意給妳麵包，但當他手中沒有的時候，妳依舊雙手空空。

我不想說這樣的理論完全錯誤，但我不認同過於著重在「對方願意給你與否」的論點。的確，對方如果不疼惜妳，不願意給妳，就算擁有再多麵包，妳也得不到。但現實生活中更常遇到的是那種嘴上說得好聽：「將來如果怎麼樣，我就會對妳怎麼樣」開空頭支票的男人，然而等了他大半輩子，這男人依舊口袋空空。

3. 這樣做，療癒失戀超有效？

如果有任何兩性專家寫出「療癒失戀的十種方法」，請立刻關閉視窗。失戀過的人都知道，療癒情傷沒有特效藥，唯獨靠「時間」這傢伙，似乎會有那麼一點點緩慢的效果，其他都是空談。

H 勸世語

現實與理想都不能偏頗，站在平衡點上看待愛情與麵包，會對自己的人生與感情更有幫助。

18 真愛是條修行路，要耐得住寂寞，擋得了誘惑！

在眞愛來臨前，妳一個人生活。有時候一個人吃飯，有時候一群人吃飯。一個人吃飯的時候想要找個伴，一群人吃飯的時候也不見得特別溫暖。當妳一個人躺在床上，有時候希望身旁有個可以依偎的胸膛；有伴的時候卻又埋怨他佔了床。或許有時候妳一個人搞起性幻想，事過境遷後感到空虛就徵情郎，但並不是每個情郎（狼），都能滿足妳的幻想，更多被稱爲畜生的情「狼」，只會讓妳身心都受傷。

真愛來臨前，面對誘惑要忍耐

在眞愛來臨之前，寂寞會幻化成眞愛襲擊妳，在妳最空虛的時候忽然攻破心防，讓妳就這麼以爲他修補了妳人生的缺，但其實他塡補的只是妳當下寂寞的穴。

在眞愛來臨之前，誘惑也會僞裝成各種正面能量——他的承諾是一種誘惑，他亮出的信用卡是一種誘惑，他整形過的五官也是一種誘惑。這種誘惑或許讓你吃到一個月才能吃一次的東西，去到半年才能去一次的地方，甚至經歷那些一輩子都不敢做的事情，讓妳誤以爲這些就是眞愛。

如果，妳在等待眞愛，就要懂得忍耐。那些一個月才能吃一次的東西，就算一年沒吃也無所謂，那個半年才能去一次的地方，就算半世紀沒去過也不打緊，那些一輩子都不敢做的事情，就算眞的一輩子都沒做也沒關係，因爲比起這些，妳更想要與眞愛爲伍，只要在他身邊，你們幹啥都幸福。

當真愛降臨，還是要步步為營

諷刺的是，即使如此，我們依舊不能躺在沙發上翹著二郎腿，任由眞愛自由來去。在這個瞬息萬變的世界裡，眞愛不保證永恆。我們必須時時刻刻在愛裡成長，步步爲營，甚至聽天由命地看著每個月的星座運勢，閱讀兩性文章，試圖從那些微小的線索及鬼扯的邏輯中，拼湊且找出超越人類智慧的眞理。

於是妳開始感到疲憊，懷疑眞愛，開始懷疑我這篇文章……於是妳開始想著，與其守著這些虛無飄渺的玩意兒，還不如去吃那些一個月才能吃一次的東西，去那個半年才能去一次的地方，去做那些一輩子可能只能在腦子裡想的事情……也不要重回這條眞愛的修行路……

H 勸世語

愛情就是一條修行路。在真愛來臨之前是一種修行，當遇上真愛之後，又是另外一種修鍊。

19 所謂的愛情是，有個人把它當一回事

在我收到眾多愛情問題的來信當中，大部分的故事都是千絲萬縷、疑點重重，但對我來說，最重要的任務是先找出這段感情還有沒有繼續的理由，否則就算回答了問題，也於事無補。

如何從故事當中看出這段感情是否值得繼續，就在於「雙方是否都依舊把它當一回事」。

每段感情都會經歷如下不同的階段：

當對方根本不知道妳在乎什麼

我們在一開始談感情，也是最常遇到的初始階段通常是，自己在乎的事情，對方似乎一點感覺也沒有。好比說，我明明不喜歡你和那個女同事多講話，但你卻偏偏總是和她有話聊。於是我生氣、賭氣，但卻不想講出心裡的疙瘩，因爲我認爲你如果把我當一回事，你就會懂。

這個階段最重要的關鍵在於「磨合」。別說對方有沒有把妳重視的事情當一回事，他可能根本還沒有搞清楚妳到底在乎什麼，妳就已經氣到青筋爆裂、白眼狂翻了。在這個階段，我們需要更多的溝通，而不是期盼理所當然的「心電感應」。

當他記得妳的想望

第二個階段在於「存心，留意」。此時兩人交往進入比較順暢的時期，對方也比較不會做出誤踩妳地雷的事情，但是眞正的感情並不是維持在一種不爆發口角就好的地步。

眞正的感情，是要讓對方開心。

如果他真的對妳有心，把妳當一回事，他會記住妳曾經說過，妳喜歡哪個街角店鋪的小點心，他會記住妳曾經吃過哪一道料理開心到流眼淚，他會一直盤算並且計畫著，什麼時候休個年假，帶妳出國散心。甚至連旅遊的地方，都是妳只提過一次，卻是妳夢寐以求的聖地。

這才是愛情，終於有人，把妳的想望當作一回事。

當兩人找到可以繼續走下去的理由

到了第三階段，通常就是我用來判斷有沒必要回答你們愛情問題的標準了。

當然，在第一階段，妳不希望他做的事情，他有沒有做，這可以拿來作爲一個判斷的基礎。到了第二階段，妳希望的事情，他有沒有留意，這也可以拿來作爲一個評斷的標準。但要眞正判斷一個人有沒有把妳當一回事，在於他如何對待妳的情緒。

當他做了不順妳心的事情，妳會難過、會生氣，於是他察覺了妳的情緒，向妳道歉，並且改變，這絕對是把這段愛情當一回事的表現。雖然，許多時候其實都是些雞毛蒜皮的瑣事，但這個男人卻還是可以把妳的反應和情緒當作一回事（就算是演戲也一樣），代表這是眞正的愛情，因爲，他眞的在乎妳。

感情走到最後，最可怕的反應叫做「沒反應」。不管妳開心還是不開心，妳含淚還是哭斷腸，都沒有人把妳當一回事的時候，妳就要有自知之明，該是時候，去另找一個對妳有反應的人了。

H 勸世語

當然，如果妳喜歡走《陰屍路》的戲路，我就不多說了。畢竟，真正的愛情，是有個人把它當一回事，而不是陪伴著一具殭屍度日。

20 為什麼我總是被劈腿？

爲什麼有些女性總是遇到劈腿的男人？到底是因爲身上散發的荷爾蒙容易吸引喜歡劈腿男，還是她的行爲總是引發男人劈腿？

在描述這些可能性之前，我要先鄭重聲明，這篇文章純屬討論女性的部分，但我並沒有認爲男人劈腿是女性的責任，我也並不認爲，男生劈腿有任何原因或理由可以被原諒，因此，在描述這些可能性之前，我已經先排除了「妳的男人天性就是愛劈腿」這點，這點不在我們的討論範圍之內。

劈腿的男人背後，通常有個少根筋或駝鳥心的女人

有一種女生與男友交往的態度十分瀟灑。老實說，以男人的立場而言，這樣的交往態度其實很吸引人，因爲她總是給予另一半完全的信任，從不懷疑他有任何不忠的可能性。但這樣的女生又可以分爲兩種：一種是眞正的少根筋傻妹，另一種是把頭埋在沙中的鴕鳥女。

眞正的少根筋傻妹，對於身邊的男人晚歸、手機訊息已讀不回、常常突然爽約，或者總是不讓妳參與朋友的聚會……等，都認爲沒什麼大不了，也完全不會把這些事情和劈腿產生任何聯想，但其實很容易讓身邊的男人劈腿。

另外一種鴕鳥女，雖然對於男人這些可疑行徑看在眼裡，但卻視若無睹或裝作無所謂。她可能懷疑他不忠，卻不願意正視、處理或質疑這些有可能是欺騙的行爲，這樣的女人，也容易導致身旁的男人劈腿。

一定有不少女性朋友會說，不管怎麼樣，劈腿就是男人的問題，就是男人不對！就算是上述那兩種女生，男人依舊不應該劈腿。沒錯，男人不應該劈腿，但是，如果女生明知男人就是容易有這種「畜生習性」，卻還不願意和他一起面對並處理問題，非得等到最後發現對方劈腿，身陷地獄般痛苦時，才來埋怨對方，那又何苦。

女人的瀟灑引發男人的犯罪欲

上述這種「瀟灑」的女性，之所以容易引發男人劈腿，有兩種原因：一種是因爲她的瀟灑引發了男人的「犯罪欲」；一種則是，她的瀟灑引發了男人的「被需求感」。

所謂男人的「犯罪欲」指的當然就是那種和「畜生」相近的習性，雄性喜好獵食、征服。一旦發現身邊的女人並沒有那麼有控制欲或是緊迫盯人時，恰好發現身旁出現可以入手的獵物，因爲一邊無所謂，另外一邊卻出現誘惑，這時候的男人就很容易走偏。

所謂男人的「被需求感」指的則是，因爲女性的這種瀟灑，會引發某種男人感覺自己「不被重視」，因此男人會在這種情況下，刻意或下意識地和身邊的女人沾沾腥，希望可以讓這個無感的另一半，更加重視他。

兩人之間存在一種「無解的隔閡」

再次強調，我們這裡的討論，是以剔除天生愛劈腿的男人爲前提，因此男人劈腿其實或多或少和另一半都有點關係。劈腿的男人和另一半之間，通常存在著一種永遠無法經過討論而解決的問題。

我曾經聽過一個很無聊的男人劈腿原因，他說，只因爲女朋友不接受不戴保險套愛愛。又或者是，只因爲女朋友不喜歡陪他去參與家庭聚會。這就是所謂「無解的隔閡」。

很多時候，不管是女生或是男生都會認爲感情這種「大愛」，只要妳愛我我愛妳，小事情自然可以消化分解，不影響任何感情，但事實上，很多很小的觀念差異或是生活習慣，常常因爲某一方的堅持不妥協，進而成爲另一方尋找其他出口的藉口。兩人交往若有一方總是堅持些小原則不改變，這種無形中累積的不溝通，往往會讓另一半越來越無所適從。一旦讓男人在這個時候碰到一個小小的出口，就很有可能如同飛蛾撲火，朝出口游去。

H 勸世語

愛情說穿了，還是「溝通」兩字。「適度」的「溝通」，勝過任何「沒來由」的「堅持」。

21 最好的男人不等於對妳最好的男人

雖然這是老生常談了，但因身邊的女生們還是有同樣的執著，令我感到十分擔心。

有太多女性朋友堅持自己的另一半一定要是符合某些條件的男人，包括了現在大家最常掛在嘴邊的「高富帥」，如果不是三樣都中，有符合兩項「高富」或者「富帥」也好，最起碼，三個字裡面總得要有一個吧。

我真的很想對這些追求外在條件的女性朋友們說，那是一種極端錯誤的觀念，如果用我的工作來說明，我就會用寫愛情小說這件事情，來和大家分享。怎麼說呢？不管是電視劇《繼承者們》裡面的金歎，或者是《來自星星的你》的都教授，他們的確都是高富帥，但是妳是否察覺到，他們打動女性觀眾心房的，其實並不只是這些外在條件，而是他們即使擁有這些條件，也願意真心去對待女主角，就算失去一切，也在所不惜。

當一個男人擁有「100分」的資源和條件時，他是否只願意給你「15分」，而不是全部。而真正對妳好的男人，就算擁有的資源只有「20分」，可是卻願意付出全部的「20分」給妳。

當然，我常說，擁有「100分」資源和條件的人，不會一輩子都維持在同樣的數字，而且很有可能往下掉，但同樣的，一個「數値」不高的男人，也有可能一輩子都爬不上去，更有可能一敗塗地。也因此，我一向鼓吹不是不可以追求高富帥，而是不要只追求高富帥，你要看的是這個男人是否有能力保持住他的數値，是否會給妳他的一切，而不是一味地守著他自己的資源、維持他的形象，卻不願意對妳多付出一點。

H 勸世語

「江山易改，本性難移」，真正會努力打拚、愛護妻小的男人，個性是不容易轉變的。然而某些天之驕子，與生俱來就擁有100分的資源和條件，但卻是容易自私的人，與其追求一個好的男人，還不如追求一個對妳好的男人。

22 男人如何看待一個三十歲以上的女人？

我曾經不只一次說過，對我而言，三十歲的女人是「極品」。當然這種說詞，需要從很多方面來評估。

對男人來說，評估女人的第一步免不了要從外表看起。三十歲的女人在這件事情上，會有優勢嗎？這答案，很難一概而論。

1. 懂得保養

三十歲的女人在身體機能上，肯定不會比年輕人來得有活力，以男人膚淺的眼光來看，比如說皮膚的光澤度、彈性或鬆緊度等，當然是年輕的肉體比較好，然而如果以不同的女人做比較，我們還是可以發現，有些三十歲的女生，在這方面保持得並不比年輕人差。也就是說，三十歲女人要在這方面不輸給年輕人，對於身材的努力與保養意識，絕對是關鍵。

2. 打扮合宜

從另外一個層面來看，三十歲女人在外貌上的優勢，就是打扮。

一個三十歲的女人絕對不會忽然在某一天燙了個花媽頭，然後問男人好不好看。也不會把很多不適合自己臉色的化妝品往臉上抹，半夜還不小心嚇到人。在出席不同場合的時候，她更不會忽然穿著不得體的衣服，勾著男人的手現身。三十歲的女人完全理解自己的臉形、身材、人情世故，因此她不會作出不合時宜的打扮或是妝髮。

但三十歲的女性常常會過度在意自己的年紀，不敢打扮得太過年輕，或者不敢露太多。說實話，對男人來說，視覺年齡比實際年齡來得重要的多，如果一位三十歲的女性對自己的儀容保養得宜，偶爾一定需要配合較年輕的打扮，否則，優點也有可能成為缺點。

3. 健談有自信

除了外表，以心理狀態來看，從男人的角度來看，三十歲的女生在這方面絕對占有優勢，因爲她們懂的比年輕美眉多，可以和男人無所不談，還可以幫男人出主意、給建議，如果這個男人不是太注重女人的外表和年齡，三十歲的女人在這方面絕對可以輕易勝出。

問題是，凡事都有好壞兩面。

不夠成熟的女生，或許什麼都不懂、什麼都不好聊，或許每天只會想著要去哪裡玩、要買什麼衣服和包包之類，但這樣心智年齡的女人，卻很容易靠撒嬌裝傻贏得男人好感，很多時候，光憑這一點，就能打動男人的心。所以呢，如果妳是三十歲以上的女性朋友，別忘了在妳得意地和男人談天說地時，偶爾也顯露出自己童心或幼稚的一面（別太over），才不會被男人認爲太過世故。

4. 床上床下都得體

最後一個雙面刃則是關於性愛。

很多女性朋友認爲男人就是喜歡「幼齒」，男人在判斷自己和這位女性床事合不合的標準，除了身材、皮膚、胸型、尺寸或臉蛋是不是自己喜歡的類型之外，其實並沒有辦法很精準地判斷，自己和對方的「性器」到底合不合（這部分其實反而女性比較有感），只能說是一種感覺而已。

什麼感覺呢？就是女性的反應。

經驗不多的年輕女生在床上的反應，一般而言比較敏感，她們很容易會作出一種嬌羞的反射性動作或聲音，而這種回應，就會帶給大男人相當程度的滿足與成就感。要知道，女性在床上的聲音，扮演著讓男性興奮的絕對角色，如果一場床事上沒有半點嬌喘，這床事絕對不精采。但反過來說，也有一種年輕女性因爲經驗不足，所以咬牙不出聲，或者是一上床便呈現任人魚肉的大字狀，動也不動。

而三十歲的女生雖然不敢說一定身經百戰，但也多少練兵千日有餘，對於如何取悅對方，或者是完成一場令雙方都滿意的戰役，經驗値當然相對較高，只不過呢，事情都是點到爲止就好，還是建議第一次的床上戰役要略有保留，最好是每次都放出一些隱藏版招數，不要一開始就絕招盡出，這樣後面就沒有什麼好期待的了。當然，也要避免叫聲太過專業，那也會令男人在某一瞬間忽然無法入戲。

勸世語 H

三十歲女人在男人眼中可說是各方面都達到顛峰的年紀，但是當妳站在浪頭上，也就表示，這個浪即將要往下墜落、消逝。

23 結婚前，該談過三段戀愛

前一陣子，我在臉書上發表了一段話，意外地得到很大回響。很多讀者希望我可以說得更清楚一些，原文的內容如下：

「結婚之前，最少，給自己三段感情。

第一段是懵懂的初戀——就憑感覺走。和那個最讓妳心動的人談一段永生難忘、刻骨銘心的愛情，就算，傷痕累累。

第二段是心靈的探索——用初戀的經驗，去找尋一個相處起來最愉快的人。

第三段是禁忌的例外——試著和一個妳認爲絕對不可能結婚的人談戀愛，然後聽聽自己內在的聲音。

最後，妳會知道，妳應該和什麼樣的人結婚。」

第一段戀情，跟著感覺走

對很多人來說，初戀就如我所言，在那當下其實根本不知道何者是好，何者爲壞，我們都只能憑著最初的悸動，去選擇一個令自己心動的人，即使他個性不好、容貌不佳、品行不優，但是在那「初戀」的光芒中，他就是全世界看起來最順眼的人。等到時空移轉、荷爾蒙退散，我們才發現，爲了和這個人交往，身上卻滿是傷痕，甚至殃及身邊的人。但是在這之後，我們依舊無法判斷，自己是否適合這樣的男人，又或者，自己或許死心眼地認定，這輩子，就只能追逐這樣的背影走下去。

第二段戀情，修正過往的不完美

因此我們需要第二段感情。從第一段感情中，找到不讓自己受傷的對象，雖然理智，但這是修正。談戀愛是爲了創造回憶、了解自己。但如果妳依舊跟隨和上一個一樣特質的人，就無法眞正了解自己，也無法眞正體會幸福。當然，我們往往死心眼地發現，和這個人在一起的時候很安全，但不激情。雖然並不是每個人最後都會選擇初戀般的激情，因爲人會成長，會有自我保護機制，所以在經歷過第二段感情之後，才開始懂得什麼最適合自己。

第三段戀情，讓不可能的戀情超展開

難道，人生就只能從第一個錯誤與第二個修正間選擇結局嗎？不。因此我說，去和一個連妳都不認爲自己會喜歡的對象談一場戀愛，即使緣分短淺，都會幫助妳更了解自己。在這之後，妳便能找到一個合適的歸宿。

當然，也有很多讀者提到，當一、二、三段戀情都經歷過，結果就是，不想結婚了。我認爲這也是一種選項，重要的是，因爲三段都經歷過，妳的選擇才算客觀。但是，也不乏另外一種情況，那就是，很多女人在三段戀情中鬼打牆，總是愛上那些會傷害她的男人，或是守著這個傷害妳的男人，期待他慢慢進化，而不肯放手去追求第二段戀情……同時又不停抓著身邊人哭訴，訴說她怎麼命這麼苦。

我只能說，這些女人基本上都是自己騙自己。

勸世語 H

勇於走出某一段感情，才有機會選擇幸福。

24 為什麼這幾種女人總是得不到幸福？

身爲男性的兩性作家，標榜的愛情觀或人生觀通常會和女性的兩性專家略有出入。傳統的女性兩性專家除了相對比一般女生了解男性之外，更喜歡鼓吹「女人當自強」，或者「一個人也很好」等價値觀，在面對男性的時候，也通常會抱有敵意，在閱讀她們的著作時，不免令人有種「所以，妳是不希望女人追求以擁有愛情或家庭爲歸屬的幸福?!」（這點我當然可以理解，這是爲了女性朋友最終如果失去婚姻或愛情時，該有的心理建設。）

客觀來說，沒有愛情或婚姻的女性固然也能得到幸福，但是說實在話，如果有辦法擁有一個愛妳的人或是一段愉悅的感情，這樣的人生，不是更幸福圓滿?!

在我看來，最後得不到上述所指的幸福的女人，往往有這幾種特質：

1. 女性主義至上

在我們年輕時，這樣的女孩還不算多，但是隨著兩性平權等想法與價值觀普遍之後，這樣的女孩也越來越多了。他們忙著爭取平權，不願意在任何地方輸給男性，聊起天來，總給人渾身帶刺的感受。我個人完全舉雙手贊同女性勇於爭取自己的權利，我只是希望這樣的女性，在和異性相處或交談時，對此也可以保留一些可議論空間，比較不會在一開始就嚇跑男生。

2. 只想依附豪門

有一種女生過度看重金錢，雖然嘴上不說，但卻一心想嫁入豪門。她們會用盡一切方法接近富二、富三代，卻常常因爲這樣的行爲，錯過了身邊值得託付終生的男生，等到年華不再，也只能選擇單身或是隨便找個男人將就下嫁。

幸福的機率當然會比較低。

3. 沉淪在對方的愛情遊戲

常說「男人不壞，女人不愛」，雖然大家心知肚明，這個男人和妳交往是爲了錢、爲了性，又或者，這個男人已經有老婆小孩，就算和妳交往，也不會將妳擺在首位，妳卻依然刻意忽視，認爲愛情可以戰勝一切。妳心甘情願爲了他隱姓埋名，到最後才發現，這個人是個騙子，而妳是個傻子。

可怕的是，這樣的女生不會只糊塗一次，多得是終其一生，都在這類遊戲裡打滾的女生。

4. 頑強的條件論者

身旁有不少年齡逐漸突破三字頭，甚至超越四字頭的單身女性，她們在感情這條路上總會有一些「奇怪」的堅持。包括：「對方年薪要兩百萬以上」「婚後絕對不和公婆住」，或者是「對方一定要喜歡貓……」等等。基本上，我認爲每個人都可以有自己心目中理想對象的條件列表，只不過這些條件，應該只是用來參考，而不是拿來審核的。

試問，如果男生們也像妳一樣，用苛刻的五十大條件來尋求對象，那麼，要找到同時符合雙方條件的兩人配對成功，可想而知機率有多渺茫。

其實，就連一般女生都很難遇到自己心目中最理想的愛情了，更何況是擁有這些特質的女性呢？

勸世語 H

如果妳一點都不期待這種「幸福」，我可以推測，妳可能買錯書了，趕緊去旁邊書櫃，挑選女性兩性專家的著作來拜讀吧！

25 隨著男人的「高年級」，標準也要隨之提高

前陣子一部獲得普遍好評的電影《高年級實習生》，除了電影本身好看，演員表演到位之外，另外一個話題也隨之沸騰，那就是男人真的越老越吃香、越值錢嗎？電影中的女主角安海瑟薇，曾經對著一群年輕人誇獎勞勃迪尼洛飾演的「實習生」說，那個年代的男人都像哈里遜福特那麼有男人味，但是現代的男人，卻一個比一個不稱頭。

就我看來，現在的男人越來越不像以前有「味道」的原因，也和女性主義抬頭有很大的關係。事情就是這麼一回事，當某一方變強了，另一方就會相對弱勢了，所以，也不需要太去苛求現代的男生。唯一要考量的是，男人隨著年齡增長，心智等各方面，也應該隨之成長。

所以，我們就來談談不同年紀的男人，應該擁有什麼？

首先，我得說明一件事，很多女性朋友會誤以爲我想要告訴她，什麼年紀的男人該擁有什麼「物質」條件。比方說二十歲要有車、三十歲要有房、四十歲要有多少存款等等。當然，物質條件絕對是妳用來判斷對方的一個標準，但這些東西不用我說，妳們自己都會判斷，但是，除了看得到的數字與憑證之外，我想，妳們更應該知道這些內在條件：

二十歲的男人，應該擁有好奇心

每個人的成長過程不一樣，有些人從小就家境富裕，有些人則是從學生時代就得背就學貸款，但是即使大家成長背景不同，都不應該讓一個男人在二十歲的時候，就抹煞掉他的好奇心。好奇心會讓他的生活圈更廣，會讓他更早了解自己。兩性之間也是如此。但是，「早熟」和「缺乏好奇心」並不能畫上等號。如果妳二十歲的男友已經對身邊的任何事物都失去興趣，這樣的感情很快就會趨於平淡甚至早夭。

三十歲的男人，應該擁有上進心

在度過三十歲之前的懵懂階段後，男人需要理解到自己的責任，更明確地說，他必須知道自己是誰、喜歡什麼、該對誰負起責任、該遵循什麼原則。就像我常在不同演講中提到，平均來說，台灣未滿三十歲的男人，幾乎是不算成熟的。這也呼應了我前面所言，男人在二十幾歲的時候可以保有好奇心，可以像個大孩子不停地嘗試，然而到了三十歲，他必須強化自己，開始在熟悉的領域打拚，這樣的男人，才會有魅力。

四十歲的男人，應該擁有慈悲心

以一個正常人的成長過程來說，四十歲的男人心智與物質條件應該會是他一生中達到頂峰的時候，許多男人一輩子最意氣風發的年齡，大概就落在這個階段，因爲四十歲以前可能尙未成家立業，過了五十歲以後又容易有病痛。四十歲的男人，除了謙虛和感恩之外，應該要有一顆慈悲心，一種懂得回饋與感恩的胸懷。簡單講，如果妳和一個四十歲的男人交往，他總是在炫耀自己的財富和功績，對身邊的人卻完全不願意伸手拉他一把，這樣的男人其實是不及格的。

五十歲的男人，應該擁有童心

男人在這個年紀擁有童心，不僅會讓別人對他有好感，對他自己也是好處多多。當然，讀者們會與五十歲以上的男人交往的機率並不高，但近來畢竟也有相差四十歲的祖孫戀炒得沸沸揚揚，此時，「童心」或許正符合眞實狀況。

勸世語 H

「早熟」和「缺乏好奇心」並不能畫上等號。如果妳二十歲的男友已經對身邊的任何事物都失去興趣，這樣的感情很快就會趨於平淡，甚至早夭。

PART 3

姊姊妹妹都在問！救援在愛裡卡關的妳

每個禮拜，H都會透過粉絲頁或是不同的專欄回答讀者們的感情問題，在這本書的最後，我擷取出其中比較有代表性的感情問答，希望可以藉由這些內容，解答更多讀者們遇到的感情難題。當然，如果你有個人的感情疑惑，想要聽聽H的經驗談，也歡迎來信。記得寫上感情問題的始末，最好附上兩人的西元出生年月日（非農曆），我都很樂意回覆喔！

1 為什麼老娘我明明很正，卻還是單身？

平常除了回覆網友或讀者的感情疑慮，我也勤於蒐集一些較特殊的感情案例，但是回頭想想，這個最基本的題目，我好像不曾好好聊過。爲什麼妳明明長得很正，但卻always孤家寡人？

1. 條件嚴苛，門檻很高

我相信最多人是屬於這種情形。妳可能從年輕時代就一直想追求符合某種條件的男性，或者是隨著年紀漸長，開始了解自己就是只適合某種條件的男性。但是，不管怎麼說，當妳在三十歲之後，仍設下比三十歲之前還要嚴苛的擇偶門檻，就已經注定成功率會直線下滑。

2. 談起戀愛性情大變

很多女生不是交不到男友，而是無法長期和男友交往。這裡先不談那種騎驢找馬、見一個愛一個的女生。這裡指的是每次交往之後，下場都是被甩掉的女生。當然，很多女生會認爲自己就是紅顏薄命、遇人不淑，然而，除了這種識人不清的案例之外，更常見的，反而是因爲女生本身的個性，使得對方無法長期待在妳身邊。

這種個性上的問題，並不完全是女性自身有缺陷，很多時候，是女性在談戀愛之後性格上的巨大改變，讓男人卻步，說不定她們在一般的人際往來上，其實都是個性溫馴、善解人意的小女生說。

3. 總是讓人誤會自己不缺情人

這種女生很有意思，因爲她們總是會在有意無意間，讓身邊的男人誤會了。別搞錯，我說的不是讓男人會錯意，以爲對方對自己有意思，我指的是，妳總是讓人誤會，妳不缺男伴，甚至是萬人簇擁。

我身邊這種女性朋友越來越多，她們多是擁有美麗外表、優渥薪資，生活精采。臉書上永遠不乏到處遊山玩水、享受美食的照片，而身邊的帥哥男伴，則是一個換過一個。男人以為妳生活多采多姿、不缺男伴，但其實只有妳自己知道，那些異性好友中，其實有很多都是男同志，妳其實常常感到孤單想要有人作伴，但卻又不願意讓別人發現妳的孤單，於是只好把生活裝飾得熱鬧繽紛，讓自己的人氣和桃花更加燦爛奪目，但妳沒想過，這樣的假象反而阻礙了妳的感情，因為男人一來不認為妳需要人陪，二來不認為妳會專情。

上述三種症頭，不管妳是哪一種，都足以讓妳寂寞，妳，又是哪一種呢？

H
勸世語

男人以為妳生活多采多姿、不缺男伴，但其實只有妳自己知道，那些異性好友中，其實有很多都是男同志。

2 「門當戶對」不是沒道理

H您好：

這兩天剛分手。其實這段感情不是很久，十個月，比我預期的還要短。

男方是師大附中—交大—南加大研究所畢業，目前在台達電工作，家裡算有錢，做建設的。我是從私立商科科技大學畢業，家裡還不錯自己開餐廳，現在不是走本科系，從事幼教業。

我們是朋友介紹認識，當初因爲他媽媽對他前女友的長相很有意見，朋友覺得我長相討長輩喜歡，便介紹我們認識，兩人也很順利的在一起。但後來才知道，他媽媽不只對女方長相很挑剔，連學歷、家世背景都很要求，於是他決定不再聽媽媽的話，想追求自己的幸福，爲此跟家人吵架、冷戰、常常心情不好，因爲他心裡其實非常希望女朋友或老婆可以跟自己的家人相處融洽，但眼前的情況又跟之前一樣（他曾有過四任女友，後來都是因為媽媽反對而分手）。他爸媽用金錢、斷絕關係之類的方式控制他（以後結婚不會出半毛錢……等威脅），但我們還是決定一起努力存錢，讓感情先穩定下來，我還為了他去進修（他希望女朋友或老婆一個月至少要賺四、五萬，生活才不會太辛苦），他希望我可以考上國立研究所，她媽媽可能會因此對我另眼相待。

在我為他這麼努力的同時，有天，他居然去相親了，我好生氣，氣到提出分手。他一開始覺得「有這麼嚴重嗎？只不過當作是去認識朋友，跟媽媽和媽媽的朋友還有女兒吃個飯而已，而且她媽媽推不掉這個飯局，只好應付一下。」但吃完這頓飯後，他也決定結束這段感情，因為他看到他爸媽好開心（至少比兒子跟我在一起的這段日子開心多了），而且他又再次談到錢的問題——我們結婚他爸一毛錢都不會出！所以他沒有信心兩人可以結婚，就算婚後也會過得很辛苦，他哭得很傷心說：「現在分手總比之後拖越久傷害越大好。」

原本，我真的以為我們會結婚，最後還是輸給了自己的學歷和金錢，我覺得自己好糟糕，難道不是名校畢業就不值得被愛嗎？

如我的標題一樣，堅持「門當戶對」這件事情，我認爲是對的，因爲條件相當的兩人結婚之後，雙方家庭才可以相處融洽。

從妳的描述中，我可以得到一些妳和他「門不當戶不對」的重點。

1. 他認為結婚及婚後必須依靠父母及家裡金援

我們常說，和一個對象交往，最重要的三個條件是：外表、經濟能力和個性。或許，對方目前看來是三個條件兼具的人，但是仔細分析就會發現，他目前所擁有的經濟能力，其實都是他爸媽的，他有可能繼承，但繼承後也有可能無法守成。而從他的個性推斷，他是個不願意獨立的人。

但是從生命密碼上來看，妳是個相當獨立堅強的女生。因此就這一點來說，你們眞的不適合。嚴格說來，是他配不上妳，但結婚眞的需要「門當戶對」才行，因此，妳還是忍痛割愛放他走吧！

2. 他認為結婚對象必須母親喜歡並認同

其實老一輩的人都希望自己的子女找到可以匹配的好對象，這是可以用同理心理解的。只不過對於兒女結婚對象的長相、個性、優缺點等期待或條件，有沒有可能完全複製到下一代，就是神明的「業務」，而不是我們可以左右的了。

若對方的父母相信這套「優生學」，除了挑外表，還要求學歷，我們也只能說，這種尚未進化的價值觀，和妳比起來，實在差妳一大截。妳畢竟爲了愛情願意去提升自己、充實自己，實在不值得向這種爲了媽媽開心而抹煞自己意願，甚至向金錢低頭的媽寶屈就，就這點而言，你們並不在同一個水平上，也的確不夠「門當戶對」。

H 勸世語

夠了，不用再給對方機會了，妳就放下心去找一個門當戶對，價值觀和妳同樣水平的對象，對自己，或者是對那個長不大的媽寶都好。

3 我愛上了閨密的前男友

嗨，H：

我今年滿十九歲，每次我跌進感情的惡夢裡，都是我的超級閨密點醒我，每次她跌入感情漩渦中，也是我給她安慰陪她走過來，我們之前同屬一家公司，兩人很要好，彼此也覺得沒有什麼人可以取代對方。

後來我們各自離開公司也有各自的生活圈，她的前男友L是我們之前的同事，兩人在一起三個月便分手了，原因是女孩轉換環境，想專心在新工作上和新同事發展關係，不想談戀愛，但是女方和他分手兩個月後就跟新同事在一起了……男孩開始憔悴（女孩對男孩滿懷愧疚），在他失戀這段期間我都有跟L聯絡，替他加油打氣。等我自己的感情也面臨分手的局面時，L也開始關心我，兩人彼此安慰互相鼓勵。

在我分手後一個禮拜之後，L跟前同事有約，禮貌上問我是否要參加，那天剛好是情人節。分手後的我很沒自信也開始不相信感情，應該說是不相信自己，我不知道自己還有沒有愛人的能力，而他一路上的陪伴，讓我養成一種依賴，當閨密知道我們的互動密切後，我還開玩笑試探她：「我可以追他嗎？」

一開始她鼓勵我，說他是個好人，所以我也動搖了，可是家人知道後都反對，怕傷害我跟好朋友間的感情，果然，閨密眞的因此而漸漸疏離我，問了她原因之後，她告訴我，假如我覺得她很重要，假如我有多爲她著想，就不會去接近L；假如L也有顧慮到她的感受，也不應該來招惹我。她很失望，覺得自己很失敗，她說沒辦法再像以前和我那般親密，她也不想因爲自己的關係，而阻礙兩個互相喜歡的人在一起，她不想當這個罪人。

男孩L說，他最不想看到的就是影響我們的友誼，他不懂兩人明明結束了，爲何還需要前女友釋懷？總之，我要做選擇，我眞的進退兩難。感覺心裡常聽到譴責，所以我跟L也只能維持目前這樣的關係和互動，互相依賴。於是我跟閨密說，我不會跟L在一起，我跟他可以只維持好朋友的關係請她不用擔心。

雖然對方已讀不回，但我卻釋懷多了，其實我多希望愛人和好友都同時擁有，我也不想傷害任何人，想請H給我一些建議。

首先，來聊聊妳那位好朋友的心態吧。當好朋友知道妳和L的情況，一開始是鼓勵妳，而妳可能也認爲，「妳都已經說沒關係甚至鼓勵我了，我都向妳報備過了，還有什麼好生氣呢？」然而我們都很清楚，就算她當下認爲自己可以釋懷，也不代表她往後眞的都可以釋懷，也有可能她一開始就不能接受，但因爲聽你說你們也只是「有可能」在一起，她又何苦自己先攤牌，讓別人看出她心底的眞正感受，畢竟，那只會令人覺得她小心眼而已。

其實，她的情緒反應並不奇怪。大部分人都會有類似的回應。一開始假裝自己可以接受，但又不好意思當面說破，等到後來眞的發現你們越走越近，心裡的不舒服越來越濃烈，於是就開始在人前或是人後發作出來。

這種反應，沒有對錯可言。好友之間就像家人、夫妻或是男女朋友一樣，不需要講道理，只需要談感覺。就算她這樣反應很沒道理，但她的確因爲這件事情感到不舒服了，如她所說，如果妳多爲她想，就不會這樣做了。（還是，妳根本顧不了她怎麼想?!）

講到這裡，妳應該會想，我就是爲她想了呀，所以我和L並沒有眞正在一起呀，我們也不急啊。讓我告訴妳，通常，友情生變，並不是因爲眞的發生了什麼事情，而是某個人的態度轉變了。我相信妳朋友並不會用「妳和L最後有沒有交往」來當作「妳們是否依舊是好朋友」的判斷標準，她在意的應該是，「我的好友到底會不會因爲顧慮我的感受，而不去做某些事情」。也就是說，我認爲妳就算表面上不和L在一起，但是妳們的相處模式，明眼人依舊是一目瞭然。如果她眞的是個小心眼的人，當她發現妳們只是表面上沒有男女朋友之名，實際上卻有著男女朋友的情感，難道不會覺得妳很虛僞？到最後，難保她不會更生氣。

所以，我認爲妳不應該和L交往嗎？完全不是。本著自己的心情和所愛的人交往天經地義，不需要向任何人報備。如果妳們眞的情比姊妹深，就算一開始她沒辦法接受，但是在妳們確定交往甚至修成正果之後，我相信她還會是妳的好友。但如果多年以後她依舊懷恨在心，我只能說，這樣的友情斷了也不是件壞事。

整件事情最值得評論的，就是妳最後提到的「魚與熊掌兼得」的心態。當然，我並不是要極端地勸妳，交了男友，就要放棄友誼，如果可以的話，友情和愛情兼顧最好，但就像我上面所說，做自己，並且坦率表達眞正的感情才是最重要的。

勸世語 H

真正的感情，最後還是會回到妳身邊的，雖說很多事情都需要謀略，但唯獨感情這件事，越用計謀，越不容易辨出真偽。

4 原來，他想要的只是砲友？

一位女性朋友，約我出來聊她最近的感情問題。

「我和他感情很好，兩人交往大約半年左右，有一天，他忽然消失了，一年後，也就是幾天前，他忽然又出現，然後面對我時，依舊表現出男女朋友的行為……」

「所謂男女朋友的行為是？」

「就……牽手……」

「妳說他回來妳身邊後只有牽手？沒做別的？」

「對……」

「那就還好，我以為他就是想把妳當……」

「什麼？」

「砲友。」
「問題是，他解釋了這一年忽然消失的原因，就是，他其實已婚，有一個兩歲多的小孩……」
「那他有說明爲什麼忽然消失嗎？」
「我猜是小孩的事情。」
「我不覺得……如果是小孩的事情，他根本不會和妳開始，或是早就應該消失了！妳們有開始吧？」
「怎樣算開始？」
「你們交往了半年，也發生關係了吧？」
「差一點……」
「差一點？意思就是……沒有發生關係？」
「對……我在最後關頭拒絕了……」
「噢……所以妳拒絕他之後沒多久，他就消失了……」
「對，他是說，他發現如果再繼續下去，他可能就會出軌，因此要趕緊抽身。」

「一抽身就消失一年，然後忽然出現又告訴妳整個實情？」
「對。我猜他還是忘不了我吧！」
「錯。我猜他還是想跟妳當砲友吧！」
「又是這個結論？怎麼說呢？」（驚）
「整件事情聽起來應該是這樣：他已婚，認識妳之後，半年中一直沒有和妳發生關係，最後一次求歡被拒絕，他要嘛就繼續堅持，要嘛就另覓對象。消失一年的這件事，聽起來比較像是他和妳交往的同時，還有別的對象，或許是那個對象比較容易得逞，因為他同時應付不了太多個婚外情，於是選擇了一個可以有固定婚外關係的對象……」
「為什麼你會這麼想？」
「因為砲友是不會想和妳牽手逛街的……所以一開始我排除了這個可能性，但是在成為砲友之前，的確有人會利用談感情為餌，讓妳以為你們有機會交往，再進而進展成砲友。因此當我聽到你們交往的半年內都沒發生關係，就可以判定他比較屬於後者……再加上妳說對方提到『如果不抽身就會出軌』，這話也太可笑！這半年來，你們牽手擁抱，基本上就已經出軌了……很明顯，他是因為沒有進展到下一層關係，才會覺得浪費時間憤而抽身……」

「那他爲什麼還要回來找我？」

「應該是他另一邊的婚外情結束了，於是他重新思考，還有誰可以補位吧！」

「……男人，都這麼賤嗎？」

「不是。但，如果是已婚男人，和妳玩這種遊戲，那麼從一開始，他就是擺明在耍賤……」

「那我現在應該怎麼辦……他說至少可以維持朋友關係……」

「可以呀，如果他保證和妳出去不會對妳上下其手，妳就和他出去啊，看他會約妳幾次，我猜這次不用撐到半年，半個月他就再度『抽身』了……」

「嗯……謝謝你……」

「自己保重。」語畢。我轉身離開。

勸世語 H

雖然，砲友是不會和妳牽手逛街的，但在成為砲友之前，的確有人會利用談感情為餌，讓妳以為你們有機會交往，再進而進展成砲友。

5 離婚後，真的過得比對方好，比「看起來過得比他好」重要

H你好：

我前夫因爲外遇所以我跟他離婚了，他說外遇是因爲我懷孕生小孩性欲變低，所以情有可原。眞的是這樣嗎？

我們離婚這三年間，他苦苦哀求我說他錯了會改，但我在這種傷痛打擊後無法馬上恢復對他的感情，所以他放棄了，並且將小孩有個破碎的家，以及兩人婚姻破碎的原因，都歸咎於我不肯原諒他……眞的是這樣嗎？眞正的愛能勉強嗎？

他最近交了一個新女友，並且頻頻在臉書上放閃，看了眞不是滋味，他之前甚至罵我是「有人追就撲上的賤貨」，如今他不也是命根子癢不停的賤貨了？他還嗆我：「我不管結婚還是離婚，都很有行情的好嗎？」我之後該如何面對這樣的囧境呢？

這位捧油的用字遣詞實在相當有趣，看了一下妳們的年齡，果然是二十代的離婚夫妻啊。這裡提到了關於離婚後的幾個常見狀況與問題。

首先，婚姻中的是與非，絕對不是外人容易理解的，所以，沒有人可以輕易判斷誰對誰錯。但是，老公因爲老婆懷孕而外遇這個事實，毫無疑問，是男人的問題。當有人犯錯，導致婚姻破碎，要承擔這種結局的人，也絕對不是選擇離婚的一方，而是犯錯的那個人。

我希望妳可以很清楚的了解，小孩子雖然因爲妳的選擇，而失去一個完整的家，但這並不會比身處在一個父母都在卻爭吵不斷、形同虛設缺的家來得糟糕，最重要的是，小孩絕對不能被任何人拿來當作談判的籌碼。如果妳用愛對待孩子，即使是單親家庭長大的小孩，在某些方面的心理素質，反而會比一般家庭的孩子更爲強大。

除去誰對誰錯這個問題之後，婚姻中要討論的，還是應該回到「你們是否還彼此相愛」的初衷才對。

離婚後的兩人很常出現一種心理狀態「希望自己過得比對方好」，或者「希望自己

『看起來』過得比對方好」，極端一點的人甚至會「希望對方過得爛透了」，這些心態當然都是因爲彼此存在著『被對方否定』或是『否定對方』的心態。也因此，不管是哪一方，都積極想要讓對方甚至身邊的每個人看到，離開對方之後，自己過得更好。

基於上述原因，當妳看到前夫交了女友之後，是什麼樣的心情在作祟呢？是因爲自己目前單身，看到對方過得不錯，因此心生不滿，還是其實妳在「吃醋」，因爲妳還愛著對方？

離婚的兩個人要比交往分手的兩個人來得不容易復合。離婚的男女面對的問題不只包括兩個人之間的感情，還摻雜了金錢、家族等因素。再者，離婚需要經過一定的手續，也就是說，一旦確定要離婚，那就是眞的沒有轉圜空間了。

但是，妳們似乎有些不同。

一來是兩位年紀較輕，二來似乎是衝動離婚。也因此，就算妳在看完我的回覆之後考慮和他復合，我也不會感到驚訝。要提醒妳的是，感情分分合合，完全決定在自己手上，不需要因爲旁邊人的言語而受影響。就算妳的前夫曾經外遇，妳最後決定復合，也沒有人有權利講閒話，就算一對夫妻一直恩愛多年，其中一方忽然決定離婚，那也都是他們自己的選擇，沒有任何人有資格評論。

不管怎麼說，我要告訴妳，從生命靈數來看，前夫的女友，只是他一時寂寞的伴侶，不會長久。而妳的新生活，將會在明年年初展開。值得期待。

祝福妳。

勸世語 H

當有人犯錯，導致婚姻破碎，要承擔這種結局的人，絕對不是選擇離婚的一方，而是犯錯的那個人。

6 妳要兩人相愛？還是只要名分？

我跟K剛好在一年前，各自結束痛徹心扉的感情後幾個月相遇，每天從起床到睡前，總有聊不完的話題。接著開始天天下班後共進晚餐、逛賣場，甚至常爲了吃某樣東西而開車上高速公路熱血奔馳目的地。K紳士幽默，總是堅持負擔我們一起外出的餐費及娛樂費，K認爲我的陪伴就是最好的回饋。

漸漸地，我的情傷也因爲K的陪伴而被撫平，甚至讓K走進我的心。我們開始一起過夜，一切都是自然發生。

但K無法給我承諾，他還未從上一段感情的傷痛中走出。我也知道，一開始，K下班後邀約、天天傳訊息聊天，其實只是因爲孤單需要人陪。但我卻愛上了他，並且希望他知道，我很努力試著讓他也愛上我。但他還是無法和我在一起，我也無法忍受自己繼續深陷下去，等著一份沒有回應的愛無法自拔，他總是對我抱歉說他耽誤了我，卻在祝福我能找到幸福後又來找我吃飯、看電影、過夜……

於是我們就這樣反反覆覆地糾葛、掙扎、分開又繼續糾結。

K說他已經習慣對我好，也習慣無時無刻在彼此身邊，就是暫時還給不了我渴望的名分，就這樣拖了八個月之久……

我其實不要名分，我要我們相愛……

現在，我終於暫時封鎖他，讓彼此冷靜……

封鎖前我禁止他和我見面，他說想我，我說他何苦讓自己陷入這種混沌，明明也對我動心，卻害怕面對愛情……他說自己定不下心，沒有勇氣相信，但我懷疑，他其實只是不夠愛我而已……請問，我該怎麼做，他到底在想什麼？

我先利用生命密碼的流年，簡單回覆妳的問題。

他去年剛結束一段刻骨銘心的愛情，因此今年對他來說，是一種自由之年，他寧願享受更自在的人生，也不願意再度投入一段感情。這是個人選擇，沒有對錯。而妳上一段感情結束和他略有不同，因此我想這是你們兩個人在面對新愛情時的差異性。

基本上，一對男女要結束一段感情，對我而言，只有一種原因成立，那就是兩個人不再相愛了。或者是，有一方的愛情濃度，沒有達到另外一方的標準，因此放棄了。在妳的案例中，我沒有看到男方做壞事，他沒有劈腿，也不是有婦之夫，他不是對妳不夠好，只是不敢給妳名分。

當一個男人不願意帶妳出門見他朋友，不願意承認妳是他的女友，或者在妳面前有所隱瞞的時候，都可以把他視爲對妳不夠眞心，或者是有什麼不可告人的「男」言之隱。因此，選擇放棄這樣的男人，並沒有什麼不好。

然而，這種說法的前提是，妳眞的認爲這個男人對妳有所隱藏，假如，這個男人因爲過往的傷痛，所以不願意輕易給出妳要的承諾，可是實際上，他又做足了一切愛妳的舉動，那麼，我們是否可以因爲愛這個男人，給他些許包容呢？如果你們眞心相愛，在妳要求他給出更多的同時，妳是否也可以包容對方更多呢？

回過頭來看妳寫的信，妳說「不要名分，只要你們相愛」，但我從信裡的內容看來，比較像是「妳要你們相愛，更要名分。」因為最後的結果是，對方沒給妳名分，所以妳放棄了這段愛情。

或許，對方眞的做了什麼「不好的事情」我們還無從得知。但如果只是從妳這封信的內容來看，我倒認爲，妳只是在利用「分手」，逼迫一個對妳好的男人表態而已。而逼他表態的結果很可能是，妳失去了一個妳最愛的男人，若不這樣做的話，或許還有可能因爲時間久了，得到他對這段感情的信任，進而得到妳要的「名分」，至於有沒有必要用這麼激進的手段逼他就範，還是要靠妳自己去拿捏了。

勸世語 H

妳說妳「不要名分，只要你們相愛」，但我看來比較像是「妳要你們相愛，更要名分」，因為最後的結果是，對方沒給妳名分，所以妳放棄了這段愛情。

7 即使看不見未來，也要正視現況面對現實

我與先生已經相處十六年了，期間包含結婚四年，我們沒有孩子，有幾隻老狗。這些年我們很少吵架，因爲我很強勢，先生表達他的意見時，我都當耳邊風，聽聽就算了。走入婚姻後，我也沒有改變在戀愛中的態度，還是一樣自我，對於生活中很多事，總有藉口爲自己的自私找理由，反正就是一個以自我爲中心、有嚴重公主病的太太。

但我個人覺得跟先生感情出問題，最主要的原因是在親密關係上，我總是能拖就拖、能賴就賴。過去這兩年因爲家中的事，讓我跟先生之間完全沒有親密行爲。我其實不知道對男人而言沒有性生活是很嚴重的事，直到今年初發現先生外遇，我開始檢討自

己到底出了什麼問題，也努力修正錯誤。

目前我們還住一起，但先生跟外面的女人也沒斷掉，先生在家不會提小三的事，手機該刪該鎖的都做得很好，我也裝作不知道，盡力修補兩人間的關係。現在，我們的相處模式也比較對等，我會注意先生的需求，也會自己動手做家事，親密關係更是比以前勤勞，有幾次跟先生溝通外遇這件事時，先生總是回答我，他對我，只有虧欠。

我不懂男生這樣的說法，到底有沒有心要再跟我繼續走下去，我知道過去是我太不珍惜先生的付出，我很努力想爲這段婚姻而努力，但每次聽到「虧欠」這兩個字時，我的心還是覺得很痛。

這封來信會吸引我公開回覆，在於女主角的態度。通常收到的讀者來信，只要是對方做錯事，基本上就是一陣怒罵，一味指責另外一半。然而這封信的女主角一開始就點出自己的問題，不管最後結果如何，這對她來說，都已經有所成長。

另外，這封信有點出另外一個婚姻中的問題「親密關係對男生來說很重要嗎？」我想，這個答案應該超過九成的人都很清楚，如果妳在結婚後甚至到了這個年紀才體會到這點，我也只能說，妳的公主病已經是病入膏肓的程度啊。

而且，我對於妳說，妳現在的態度比較正確這一點，也相當存疑。

或許一開始眞的是妳疏忽了他的需求，導致他在外面尋找慰藉。但在那期間，另一半沒有發出信號，也沒有溝通，就擅自出軌，也是你們的婚姻會走到今天這一步的原因。當然，在妳發覺這一切問題和自己有關時，妳著手改變自己、盡力挽回婚姻，這的確是面對婚姻時健康而正面的態度。

但問題來了。

妳目前知悉老公有外遇對象，並且持續交往中，但妳因爲認爲一切是因自己而起，所以視而不見，讓婚姻中持續存在著第三者的陰影。假如，到最後另外一半還是決定和妳離婚，妳會不會又開始檢討自己，是因爲妳縱容這一切持續發展，才會讓事態越來越嚴重呢？

簡而言之，之前因爲妳的公主病，讓婚姻不是處於對等的狀態。但現在，也因爲妳的「睜一隻眼閉一隻眼」，讓婚姻繼續處於另外一種不正常的狀態。妳的公主病復元是一回事，但是讓你們的婚姻關係回歸正軌又是另外一個問題。妳應該正視且提出小三的問題，堅定身爲妻子的立場，並且和另一半溝通，否則，這件事情很難往好的結果發展。

以生命靈數來看，明年妳會遭遇分離之苦，依照目前的狀態，我只能說，你們的婚姻並不樂觀。而今年的他，看起來只是在履行他對婚姻的責任與義務而已，對於妳、對於這段婚姻，他似乎並沒有如此在意了。

雖然在我看來，一切都指向結束，但是當妳看不見未來的時候，就注視自己腳下，穩穩地踏好每一步路就好了。

H 勸世語

面對婚外情，妳應該要正視且提出小三的問題，堅定身為妻子的立場，並且和另一半溝通，否則，這件事情很難往好的結果發展。

8 人生沒有「放不下」，只有「放下」跟「不放下」

我愛上一個有婦之夫，我們認識了七、八年，他跟他老婆在一起十幾年，還有個兩歲多的女兒。

一個月前，他突然牽了我的手，而我竟然也沒有拒絕。

我不知道為什麼事情會變成這樣，他告訴我，他跟他老婆之間早就沒有愛了，他說只有跟我在一起的時候才感到快樂，還說他可以對我負責。

我知道這些都是會做這種事的男人會說的話，可是我還是淪陷了（苦笑）。

跟他在一起真的很開心，因為我真的喜歡他，可是面對他老婆我真的好痛苦。我覺得自己好噁心，我告訴自己，不能再繼續下去了，即使再愛他都不行。可是沒過幾天我又自打嘴巴動搖了。

我沒辦法看他這樣煎熬，聽著他說他有多痛苦，於是又再度陷入泥沼。我知道他拋不開他的包袱，我知道他其實很懦弱，我也知道最後的結局，她會原諒他，讓他會回到身邊，最後我會一無所有。

可是我眞的不知道該怎麼辦了，我就是放不下。

如果今天我是George哥的話，我也可以只用一句「神回覆」告訴妳，「等著被告吧」之類的話。然而，我會特別挑中這篇文章來回覆，還有另一個特別的理由。

很多讀者們或許不知道，每次我在回覆讀者問題時，都會希望對方提供男女主角的生日，因爲這樣可以方便我利用生命密碼去看出更多兩人之間的事情。爲了保護當事人，我一定會在文章中刪除他們的生日，今天這封信裡的男主角大約三十二歲左右，但是，女主角的出生年次卻是一九九四年。

是因爲兩人年紀相差較大，所以我特別挑出來說嗎？不是，大家可以看一下這篇文章的第一段，這位讀者寫了什麼。

「我愛上一個有婦之夫，我們認識了七、八年，他跟他老婆在一起十幾年，還有個兩歲多的女兒。」

她說，她和男主角「已經」認識了七、八年，換句話說，七、八年前，這位女主角應該只有十三、四歲……

這個男人看著一個小女生從國中到大學，接著和這個小女生外遇……坦白講，我認爲任何一個有基本常識的人都可以判斷得出，這個男人絕對不是一個妳應該要「放不下」的男人，更何況，妳他X的，妳才二十歲！

妳還有幾十年的美好人生，如今眞的有必要因爲一個有可能到處物色國中女生，以「儲備」外遇對象的男人，毀掉自己的未來，搶著扮演狐狸精、壞小三的反派角色?!

小朋友，讓我告訴妳，我從妳的生命密碼中看到「任性」兩個字。如果妳不盡早讓這兩個字從妳生命中消失，往後妳生命中重要的人，也會因此稍縱即逝喔！

勸世語 H

人生沒有「放不下」這個答案，只有「放下」以及「不放下」這兩個選項。

9 他說離開我像是拋棄家人，但是如果放棄她，她會死！

H你好：

我和我男友在一起十年了，最後這一年他劈腿了，最近那個女生也找上我，跟我坦承他們的關係，要我出來面對想和我談清楚。其實這一年我有發現他形跡可疑和他們之間的曖昧，但是我不敢面對，所以都忍了下來。

今天男友告訴我，他很愛我，也愛那個女生。但是他說，對我的愛，就像家人，對她的愛才是男女之間的激情。因爲我們是遠距離戀愛，男友說，那個女生可以給他家的感覺，隨時陪伴在她身邊，這是遠距離的我無法給他的。

我知道這聽起來很像藉口，但就是忍不住自責，我很掙扎，想原諒男友，但是他現階段對那女生也放不開，他總是告訴我，那女生很愛他，沒有他，她會死。他說他兩個人都愛，不知道怎麼辦，他說他放棄我就像拋棄家人，但是要他放棄那個女生，又怕她承受不住想不開，他要我給他時間，我很累，我的理智告訴自己該放手，我不知道還該不該等待和相信他？

首先，我先試著用你們兩人的生命靈數給妳一些意見。以妳的生命靈數來看，妳是個傳統、容易習慣的人，也或許就是因爲這一點，所以妳可以在這個年紀，就和一個男人持續交往十年，這對於一般人來說，其實不是件容易的事。相對來說，這種不求改變的個性的確可以維持一段很長的感情，但是在男女之間的交往，尤其是在結婚之前，這種個性反而容易造成感情僵化的局面。

看看這位男生的生命靈數，他是個「不了解自己想要什麼的男人」。這種男人總是喜歡療癒別人的傷痛，認爲別人沒有自己會活不下去，但事實上，他根本也搞不清楚，自己究竟需要怎樣的另一半。和這樣的男人交往或許會覺得自己受到保護，但同時，他也會莫名其妙地去療癒別人，把自己當作所有女孩的救世主一般。

妳很理智、很體貼。妳說，「妳知道他現在對那個女生還放不開。」妳很清楚目前他們兩人就是鬼上身，在尚未「退駕」之前，妳要他做選擇，但他一定不會放開她。現況就是他認爲對方才是眞愛，而妳已退居成家人。殊不知，十年前，或許在七、八年前，妳也一直是他口中的眞愛不是嗎？

所以，我們都清楚，再過幾年，這個沒有他不行的女生，也會成爲他口中的家人。那麼，問題就簡單了。妳願意等他過幾年之後發現這件事情，再回頭找妳嗎？在這段他「暈船」的期間，妳要一直維持單身等他？或者，等到他們結婚之後，他才發現這件事，而妳到底該把自己放在什麼位置呢？

如果你們已婚，夫妻之間的確是可以試著等待對方回頭是岸。但以妳的年紀，實在不需要把青春孤注一擲在一個人身上。今年的妳，一定會感到寂寞孤單，但是相信我，熬過這段時間，妳一定可以享受更美好的感情，而不是在這種無力且無望的感情泥沼中糾結。

10 外遇後，你想成為老公曾經的情人，還是一輩子的家人？

親愛的H：

我與先生結婚三年，育有一子，已滿一歲。之前我們在同一家公司工作（我們自行創業開公司）。生小孩後，我們的共識就是，我留在家中帶小孩，他努力工作。

有天我開始發現他不對勁，果不其然，我發現他電腦中有些跟公司一位已婚女業務不尋常往來的蛛絲馬跡，甚至還有親密照片（是沒有到赤裸的程度）。當下一陣打擊，隨即冷靜的問他是否有這件事。因爲罪證確鑿他也無法否認，只給了我一句：「是的，有這件事，因爲那個女業務的婚姻出了一些問題，影響了業務狀況，我……」

我生氣的對他說，對方已結婚也育有二子，如果對方因此而離婚，你對得起自己的良心嗎？先生一直強調兩人沒有上床，即使對方先生要告也不成立。他一直堅稱自己沒有錯、兩人又沒怎樣，認爲我小題大作，反而開始指責我，並且誇讚起那個女業務對他很好、懂他……等等。還怪我家裡打掃不乾淨、煮飯不好吃什麼的。我認爲這根本是爛藉口，要討厭一個人，連他睫毛掉在地上都覺得吵！

最讓我難過的是他怎麼會一再重蹈覆轍（他在婚前也曾跟有夫之婦鬧很大，還被對方告妨害家庭，賠了不少錢，這件事對他來說殺傷力很大）。我認爲婚前誰都有過去，所以選擇相信，只是現在身爲人父，年紀也增長，還重蹈覆轍實在可笑。

後來，對方的先生也知情了，要求女業務離開公司，因爲雙方配偶都知道了，他們便收斂許多，各自恢復到原來的生活。只是，我還是認爲我先生一點都不覺自己有錯。他認爲自己長得不錯、口才又好（上帝是公平的，他長得不高且胖，但其他條件卻頗優），女生自動送上門，他有什麼辦法？

雖然我們最後爲了孩子決定繼續這段婚姻，我也開始調整心態，選擇面對與放下，只是，我想問的是，這種人的心態到底是怎麼樣？

在日劇《最高の離婚》中，眞木洋子對於他那位屢屢外遇的老公說過：「如果女人原諒了老公一次偷吃，那麼之後妳的角色就不會是老婆了，而是母親。」因爲只有母親會包容兒子做錯任何事情，但老婆或是情人，是可以選擇離婚或是分手的。

看來，妳的老公，還是個大孩子。

從生命密碼上來看，他的個性充滿好奇，人生順遂，卻容易因爲一時新鮮而喜歡上某個人或迷上某件事，但是等到他覺得新鮮感不再，就會自動降溫了。

或許，對於已經相處了五年的妳，他已經對妳「熄火」了，而對於那位「婚姻有問題」的女同事，卻不由自主地產生了好奇。

然而，先不管他何時可以成熟到改變自己人生中的大問題，妳要考慮的反而是，是否要繼續以他家人的身分包容他的過錯，還是要回到「情人」的角色，歇斯底里地要求分手，破壞目前這個「其實檯面下很有問題」的和諧家庭假象。

一旦妳包容了他的問題，成爲他的母親或者是他的家人，就會如我先前所言，他將會不斷做出同樣或是類似的事情，妳就只能一再包容到老。然而，一旦妳用「情人」的角色和他「一哭二鬧三上吊」，甚至離婚，這個大孩子，才有可能眞正被現實衝擊到，也才有可能快速成長。但是此時，妳的家庭，就連假象的和諧，也都無法維持。

聽起來可悲，但大部分女人在現實生活中所選擇的答案，其實更可悲。

大多數的太太會選擇前者，先包容老公，進而成為母親的角色，然後在接下來的日子裡，試圖用「母親混搭老婆混搭一丁點情人」的身分，開始教育這個長不大的大男孩，最不可思議的是，等妳眞正的小孩都已經長大成人了，而妳枕邊的那位「大男孩」，卻還在重複二十年前所犯的過錯，永遠長不大。

最後告訴妳一個警訊，明年會是兩位新生活的開始。你們有可能在今年下半年離婚，感情也有可能在下半年畫上休止符，明年開始進入一種貌合神離的假象生活。

勸世語 H

如果女人原諒了老公一次偷吃，之後妳的角色就不會是老婆了，而是母親。

Eurasian Publishing Group
圓神出版事業機構
用心與你對話・視野無限寬廣
如何出版社
Solutions Publishing

http://www.booklife.com.tw reader@mail.eurasian.com.tw

Happy Family 059

知男而不退：H犀利解說，男人這種生物

作　　者／H
發 行 人／簡志忠
出 版 者／如何出版社有限公司
地　　址／台北市南京東路四段50號6樓之1
電　　話／（02）2579-6600・2579-8800・2570-3939
傳　　真／（02）2579-0338・2577-3220・2570-3636
總 編 輯／陳秋月
主　　編／林欣儀
責任編輯／尉遲佩文
專案企畫／沈蕙婷
校　　對／H・蔡緯蓉・尉遲佩文
美術編輯／李家宜
行銷企畫／吳幸芳・陳姵蒨
印務統籌／劉鳳剛・高榮祥
監　　印／高榮祥
排　　版／杜易蓉
經 銷 商／叩應股份有限公司
郵撥帳號／ 18707239
法律顧問／圓神出版事業機構法律顧問　蕭雄淋律師
印　　刷／祥峯印刷廠

2016年2月　初版

定價 300 元　ISBN 978-986-136-445-2

男人的心思並沒有那麼複雜，
只要把男人當作擁有某些習性的動物或是小朋友，
就可以簡單掌握男人。

——《知男而不退》

國家圖書館出版品預行編目資料

知男而不退：H犀利解說，男人這種生物／
H著. -- 初版 -- 臺北市：如何，2016.02
256面；14.8×20.8公分 --（Happy family；59）

ISBN 978-986-136-445-2（平裝）
1. 兩性關係　2. 戀愛

544.7　　104027430